粤港澳大湾区
节假日道路运输组织模式研究

李　静　许钢焱　徐亚国　王　健●编著

人民交通出版社股份有限公司

北　京

内 容 提 要

本书针对粤港澳大湾区重大节假日期间道路运输组织存在的现实问题，以数据为依托，在对出行需求特点、交通运行特性进行分析与预测的基础上，结合国内外城市群道路交通运输组织经验，以科学技术为支撑，以创新为驱动，分别从道路交通管控模式、道路运输产品规划、一体化运输组织、跨境交通运输组织、交通枢纽与场站组织等方面探索适用于大湾区的节假日高效道路运输组织策略。

本书可供政府交通管理部门、规划部门人员，高等院校相关专业师生，以及从事城市群交通规划与管理工作的专业人员参考。

图书在版编目（CIP）数据

粤港澳大湾区节假日道路运输组织模式研究 / 李静等编著. — 北京：人民交通出版社股份有限公司，2022.6

ISBN 978-7-114-17948-8

Ⅰ. ①粤… Ⅱ. ①李… Ⅲ. ①公路运输—交通运输管理—研究—广东、香港、澳门 Ⅳ. ① U491

中国版本图书馆 CIP 数据核字（2022）第 081760 号

Yue-Gang-Ao Dawanqu Jiejiari Daolu Yunshu Zuzhi Moshi Yanjiu

书　　名：**粤港澳大湾区节假日道路运输组织模式研究**
著 作 者：李　静　许钢焱　徐亚国　王　健
责任编辑：郭晓旭
责任校对：孙国靖　卢　弦
责任印制：刘高彤
出版发行：人民交通出版社股份有限公司
地　　址：（100011）北京市朝阳区安定门外外馆斜街3号
网　　址：http：//www.ccpcl.com.cn
销售电话：（010）59757973
总 经 销：人民交通出版社股份有限公司发行部
经　　销：各地新华书店
印　　刷：北京建宏印刷有限公司
开　　本：787 × 1092　1/16
印　　张：8.75
字　　数：176千
版　　次：2022年 6 月　第1版
印　　次：2022年 6 月　第1次印刷
书　　号：ISBN 978-7-114-17948-8
定　　价：68.00元
（有印刷、装订质量问题的图书由本公司负责调换）

前言

粤港澳大湾区是我国开放程度最高、经济活力最强的区域之一。推进粤港澳大湾区建设，是新时代推动形成全面开放新格局的新举措，也是推动“一国两制”事业发展的新实践。作为城市群发展的主要动力之一，建立通畅、便捷、高效的交通系统，全面提升城市群内部联通水平和交通承载能力，对进一步增强城市群竞争力有着极其重要的意义。

近年来，粤港澳大湾区在交通基础设施建设方面持续发力，目前已拥有连通国内和世界各地的机场群、港口群以及连通泛珠三角和东南亚的铁路枢纽，便捷高效的现代化综合交通运输体系正在加速形成。此外，针对区域经济高速发展环境下大湾区内部交通需求快速增长的现实需求，通过推动交通一体化发展，大湾区1小时生活圈已经初步形成。同时，为提升收费公路的通行效率和服务水平，方便公众在重大节假日期间的快捷出行，2012年7月，国务院批转交通运输部等六部委联合制定的《重大节假日免收小型客车通行费实施方案》（国发〔2012〕37号），明确规定在春节、清明节、劳动节、国庆节4个国家法定节假日期间，免收7座及以下小型客车的通行费。同年9月，广东省人民政府办公厅结合实际情况出台了《广东省重大节假日免收小型客车通行费实施方案》（粤府办〔2012〕90号），明确规定了广东省收费公路重大节假日小型客车免费通行政策的实施细则。

一系列规定的出台，降低了节假日公众出行成本，同时强烈刺激了节假日粤港澳大湾区民众的出行意愿，对刺激消费、拉动内需起到了积极作用。然而，上述政策也引发了一些难以避免的问题，包括交通供需严重失衡造成严重的交通拥堵、严重超负荷的交通压力导致部分路段交通安全事故频发、交通运行效率低下导致出行成本明降暗升、交通工具高密度下突发事件危害大应急响应能力低下等。

针对以上问题，本书通过对重大节假日期间交通运输组织的现状分析，总结现有组织模式存在的主要问题，梳理国内外城市群运输组织经验，识别重要的交通枢纽、客运班线、路段所面临的运输组织压力，构建粤港澳大湾区重大节假日出行高峰运输组织优化模型，设计运输组织策略，形成具有针对性和可操作性的粤港澳大湾区重大节假日出行高峰运输组织模式及实施方案，为交通运输部门制定和实施相应的重大节假日出行高峰运输组织措施提供更加准确、完整的理论基础，进一步提升道路运输经营主体的整体服务水平，完善粤港澳大湾区综合运输服务体系，为运输服务经济降本增效创造良好条件，为公众创造一个更舒适、更安全的节假日出行环境。

本书共分为 9 章。

第 1 章为绪论，主要从宏观上介绍粤港澳大湾区的总体情况，包括社会经济、道路运输发展概况，以及当前节假日道路交通运行特征和现存问题。

第 2 章介绍国内外城市群道路运输组织经验，分别对国内京津冀城市群和长三角城市群，以及美国旧金山大湾区和日本东京都市圈等发展较为成熟城市群的道路运输组织经验、特点、模式进行分析和总结。

第 3 章进行粤港澳大湾区节假日道路运输需求分析，主要对近几年粤港澳大湾区的客运需求，以及重大节假日期间粤港澳大湾区的客流规律、交通运行状态等进行分析与挖掘，了解重大节假日期间粤港澳大湾区各大交通枢纽、主干路网的客流布局与荷载状态，并依托粤港澳大湾区道路交通运输数据，对节假日期间的城际客运需求、公路交通总体需求、各交通枢纽运输需求进行预测。此外，挖掘各因素对重大节假日交通运输需求的影响，包括高速公路免费政策、旅游产品、高速铁路与城际铁路对道路客运的影响，以及出行信息服务系统对出行方式选择多样化的影响等。

第 4 章介绍粤港澳大湾区节假日道路交通管控模式，主要对道路网络拓扑特性进行分析，并通过构建适配于路网特征的脆弱性评估方法，识别主干路网的重要路段，并有针对性地设计分流和绕行运输组织方案，以及主干路网的交通管控方案。

第 5 章介绍粤港澳大湾区节假日道路运输产品规划，主要结合粤港澳大湾区的实际特点，分析与其相适应的重大节假日客运和货运产品规划、道路运输生产和服务计划等，并探讨信息化技术在道路运输组织中的应用以及发展规划。

第 6 章介绍粤港澳大湾区节假日一体化运输组织，主要从一体化多模式城际运输组织、一体化接驳运输组织、交通枢纽组织和运输服务组织等方面对其发展目标和策略进行分析和探讨，从而进一步提升粤港澳大湾区重大节假日出行者的出行效率和运输服务水平。

第 7 章介绍粤港澳大湾区节假日跨境交通运输组织，分别从跨境交通、跨境运输以及口岸交通三个方面对重大节假日期间的交通运输组织策略进行分析和设计，并对节假日期间跨境旅游产品规划进行探讨，旨在改善大湾区节假日跨境出行现状，提高交通运输效率。

第 8 章介绍粤港澳大湾区节假日交通枢纽与场站组织，在对粤港澳大湾区交通枢纽进行分类的基础上，针对不同交通枢纽与场站的特点，对其作业组织、内部和外部交通组织等进行优化设计。

第 9 章介绍粤港澳大湾区节假日道路运输组织评价，分别从供给侧结构性改革、信息化发展战略、公众出行等方面，分析与运输质量、运输效率、运输效益和安全快捷等相关的评价指标和方法。

本书的编写严格贯彻落实《交通运输突发事件应急管理规定》《道路运输突发事件应急预案》《水路运输突发事件应急预案》《交通运输突发事件信息报告和处理办法》《广东省道路水路春运工作规范》等政策文件要求，深入领会《粤港澳大湾区发展规划纲要》《交通强国建设纲要》《深圳建设中国特色社会主义先行示范区综合改革试点实施方案（2020—2025 年）》《交通强国建设广东试点实施方案》《交通强国建设深圳市试点实施方案》等文件精神，并广泛参考了各地交通运输局（委）相关部门及各运输企业已拟定或印发的重大节假日运输组织工作的相关文件资料。

由于编著者水平有限，疏漏错误之处在所难免，敬请广大同行和读者批评指正。

作　者

2021 年 12 月

目录

1 绪　论

粤港澳大湾区（Guangdong-Hong Kong-Macao Greater Bay Area）由广东省广州、深圳、珠海、佛山、惠州、东莞、中山、江门、肇庆九个珠三角城市和香港、澳门两个特别行政区组成，是我国开放程度高、经济活力强的区域之一。推进粤港澳大湾区建设，是新时代推动形成全面开放新格局的新举措，也是推动“一国两制”事业发展的新实践，有利于深化内地和香港、澳门的交流合作，对香港、澳门参与国家发展战略、提升竞争力和保持长期繁荣稳定具有重要意义。

作为城市群发展的主要动力之一，建立通畅、便捷、高效的交通系统，全面提升城市群内部联通水平和交通承载能力，对进一步增强城市群竞争力有着极其重要的意义。2019年2月，中共中央、国务院印发的《粤港澳大湾区发展规划纲要》明确指出，要构筑大湾区城市群快速交通网络，提升客货运输服务水平。2019年11月，深圳市公布《深圳建设交通强国城市范例行动方案（2019—2035年）》，提出要构建布局完善、复合集约的稀缺性战略高速通道体系，加快智能交通的科技研发与应用，进一步提高路网的交通效率与通行能力。2020年12月，《交通强国建设广东试点实施方案》获交通运输部批复。广东省将按照交通运输部的要求，统筹推进、突出重点，从交通基础设施高质量发展、交通与旅游等产业融合发展、智慧交通建设、枢纽服务效率提升和综合交通运输管理体制机制改革五个方面着手，推动交通强国试点工作建设。

1.1 粤港澳大湾区社会经济发展概况

本章首先从地理空间的角度说明粤港澳大湾区的由来及地理特点，接着分别对粤港澳大湾区社会和经济发展情况进行介绍，最后展望其未来的发展趋势。

1.1.1 粤港澳大湾区地理空间概况

粤港澳大湾区总面积5.6万平方公里，是国家建设世界级城市群和参与全球竞争的重要空间载体，同时也是继美国纽约湾区、美国旧金山湾区、日本东京湾区之后的世界第四大湾区。粤港澳大湾区的形成与发展，一般可以从两方面进行分析。

一方面，从自然地理的角度来看粤港澳大湾区的形成。该地区历史上被统称为粤江平原，明清时代，该区域的发达地区是广州、佛山和澳门城市群；鸦片战争之后，广州—香港成为新的城市发展中轴；1947年，吴尚时、曾昭璇在论文《珠江三角洲》中将三水至广州一线作为其北界，再往东南延至东莞石龙，面积超过6000平方公里的这片平原赋予“珠江三角洲”这一地理概念；改革开放以来，以深圳为代表的城市崛起，积极参与全球化分工，进一步加强了整个珠三角城市群的整体实力，并在2015年的世界银行调查报告中被评为东亚最大、世界第五大城市群。

另一方面，从经济地理角度来理解粤港澳大湾区的形成。随着社会经济活动的加强，特别是珠三角地理认同下对土地利用及相关城市群规划的前期工作，奠定了从平原内陆农业到湾区海洋经济活动的思维转变。首先，因内陆的土地利用已经趋于饱和，迫切需要新的空间视角投向（包括港珠澳大桥等珠江口通道建设等）；其次，城市群内各个城市间需要更加紧密的空间互动。在这两大驱动力下，学界在2009年提出珠江口湾区是三地值得关注的地区。随后，三地在2014年共同发布《环珠江口居湾区建设重点行动计划》，并最后形成对中央政府的影响力。2015年，国务院发布的《海上丝绸之路愿景》中明确提出“深化与港澳的合作，打造粤港澳大湾区”，并于中华人民共和国第十二届全国人民代表大会上提出“湾区”，至此便形成了目前 “粤港澳大湾区”的概念。粤港澳大湾区在原珠三角城市群的基础上，加上香港、澳门特别行政区两地形成“9+2”的格局，以珠江入海口为核心，其具体空间格局可以用“一环两扇，两屏六轴”形容。

粤港澳大湾区最核心的“一环”上坐落着香港、深圳、东莞、广州、中山、佛山、惠州、江门、肇庆、珠海以及澳门等城市，形成了环珠江口经济圈。以此环线为核心、以广州为分界的珠江口东岸城镇扇面，覆盖广州东部地区、东莞水乡经济区、松山湖高新区、惠州潼湖生态智慧区、环大亚湾新区，错落有致地排列着多形态多功能的产业园区，形成多增长极的空间产业布局，加快推动东岸地区产业转型升级。以肇庆江门为界限、以珠江口西岸为核心的城镇扇面，在保留该区域良好的自然生态环境的前提下，以此为跳板，打通西南地区经济贸易通道，借助机场、港口、轨道交通等多种交通方式协同联运的综合枢纽，引导人口、产业进一步向我国西南部集聚，打造西岸先进装备制造业带。而“两屏”是指北部连绵山体森林生态屏障和南部沿海绿色生态防护屏障。同时，为加强湾区与外围地区的空间衔接，构建“香港—珠海—高栏港—大广海港—阳江—粤西地区、深圳—中山—江门—阳江—粤西地区、广州—佛山—肇庆—云浮—西南地区、广州—清远—韶关—华中地区、东莞—惠州—河源—粤东北地区、深圳—环大亚湾—汕尾—粤东地区”六大产业拓展轴。

1.1.2 粤港澳大湾区社会发展概况

粤港澳大湾区各城市文化同源、人缘相近、民俗相近、优势互补。近年来，广东省和香港、澳门特别行政区不断加强各领域的深化合作。

在人口方面，作为我国经济核心重地之一的粤港澳大湾区，多年来基本维持着人口净流入。在我国人口老龄化加速，甚至人口增长放缓的大背景下，广东省，尤其是大湾区人口增幅显著的情况在全国并不多见。整体来看，大湾区“9＋2”城市的常住人口在2006—2017年间有0.66%~3.28%的平均增幅。2018年，粤港澳大湾区常住人口突破7000万人，2019年末，粤港澳大湾区常住人口达到7264.92万人，其中各城市人口数量见表1-1。

2019年末粤港澳大湾区各城市人口数量（单位：万人） 表1-1

城 市	人口数量	人口数增量	城 市	人口数量	人口数增量
广州	1530.59	40.15	江门	463.03	3.21
深圳	1343.88	41.22	肇庆	418.71	3.54
东莞	846.45	7.23	中山	338.00	7.00
佛山	815.86	25.29	珠海	202.37	13.26
香港	750.07	1.42	澳门	67.61	4.37
惠州	488.00	5.00			

在就业方面，粤港澳大湾区作为我国开放程度高、经济活力强的区域之一，产业结构丰富，且拥有腾讯、华为、美的等行业巨头，释放出巨大的经济能量和人才吸引力。大湾区当前处于人才净流入状态，人才净流入率为1.39%。而从大湾区内部城市的人才流动情况来看，广东省9个城市的人才市内流动率均高于跨城市流动率，深圳、广州、佛山、珠海、东莞、惠州等地的人才中，留在本地（市内流动）的人才数量占流向整个湾区人才的比例均超过了50%。深圳和广州两地人才留在本地的倾向最为显著，其流向本地的人才占比分别达76.95%和73.02%，两市之间的双向流动也较多，为本地人才除市内流动之外的首选。受地缘因素影响，广东省9市中的其他城市人才呈现分别围绕广州、深圳两大中心城市流动的态势，其中，惠州、东莞与深圳联系紧密，流向深圳的人才分别占其流向整个湾区人才的23.04%、22.12%；佛山、中山、江门、肇庆等市与广州流动频繁，流向广州的人才分别占其流向整个湾区人才的24.25%、16.14%、19.24%、24.47%。

香港、澳门特别行政区的人才在大湾区内部流动中，除本地外也更青睐深圳和广州。珠海作为四个经济特区之一及广东省的省域副中心城市，在大湾区内的地区生产总值排名仅高于肇庆，位居后两名，在大湾区内部人才流动中也并未形成一个高点，对中山、江门等相邻城市的人才吸引力都不如广州。在政策向导方面，粤港澳大湾区紧跟时代步伐，满足年轻人的需求，总体力求“新”。截至2021年底，大湾区内已打造了粤港澳青年创新创业合作示范基地，稳步推进南沙粤港澳（国际）青年创新工场、前海深港青年梦工场、横琴澳门青年创业谷等创新创业平台建设，为粤港澳大湾区青年联手创新创业提供了广阔空间。

在民生方面，粤港澳三地在教育、社会保障、医疗卫生、生态环境等领域紧密合作，加快融合，使得在大湾区生活的人可以享受到更加优质和便捷的公共服务资源。

在教育领域，截至2021年底，在大湾区内已经有三所内地与香港合作办学的高校，佛山、东莞等珠三角各个地市也在和香港、澳门各大高校共同推进合作办学。未来大湾区内的高校将在新型高校治理模式、国际化人才培养等方面进行探索突破，持续满足湾区的人才需求。

在社会保障领域，广东在港澳人士参与内地社保等多个方面放开限制，为港澳人士在大湾区的工作和生活提供切实的便利。2020年1月，根据《香港澳门台湾居民在内地（大陆）参加社会保险暂行办法》，港澳人员可参保范围从职工社保扩大到居民社保。

在医疗卫生领域，目前已经建立了粤港澳传染病防治、突发公共卫生事件应急、紧急医疗救援、食品安全监测、医院管理、专业人才培养、中医药发展等合作机制。

在生态环境领域，各城市共同实施珠三角大气污染物减排方案，优化区域空气的监测网络，并实时公布监测数据。

在粤港澳大湾区的建设进程中，不少民生领域的合作项目也堪称开全国先河。以旅游为例，从1983年内地居民组团从广州出发赴香港探亲旅游，到2003年广东佛山、东莞、中山、江门等市率先在全国试办个人赴港澳旅游通行证，三地旅游业如雨后春笋蓬勃发展，如今赴港澳游、经港澳游已走进千家万户，广东省旅游大省地位不断强化。广东省和香港、粤门特别行政区通关口岸数量也越来越多，往来越来越密切。当前，粤港澳大湾区建设不断推进，更多的民生“利好”消息将陆续到来。

1.1.3　粤港澳大湾区经济发展概况

地区生产总值被公认为是衡量经济状况的最佳指标，反映了该地区的经济实力和市场规模。近年来，粤港澳大湾区整体经济实现平稳增长，2019年的地区生产总值总量达11.59万亿元，约占全国经济总量的11.70%。深圳、香港和广州三地对地区生产总值总量贡献最大，遥遥领先于其他大湾区城市。2019年粤港澳大湾区内各城市地区生产总值详细情况见表1-2。

2019年粤港澳大湾区各城市地区生产总值情况

表1-2

城 市	地区生产总值（万亿元）	增速（%）	城 市	地区生产总值（万亿元）	增速（%）
深圳	26972.09	6.7	澳门	3715.54	-4.7
香港	25250.73	-1.2	珠海	3435.89	6.8
广州	23628.60	6.8	江门	3146.64	4.3
佛山	10751.02	6.9	中山	3101.10	1.2
东莞	9482.50	7.4	肇庆	2248.80	6.3
惠州	4177.41	4.2			

由表1-2可见，在粤港澳大湾区城市群中，深圳、广州、佛山、东莞、珠海的经济实际增速都超过了全国水平（即超过6.1%）。以经济总量来看，深圳在2019年扩大了经济领先优势——全年完成的名义地区生产总值接近2.7万亿元，其中，计算机、通信和其他电子设备制造业同比增长5.5%，电气机械和器材制造业同比增长7.1%，通用设备制造业同比增长7.2%，医药制造业同比增长10.2%。香港在2019年的经济实际下降了1.2%，完成的名义地区生产总值为28681.71亿港元，折合25250.73亿元人民币，比深圳低了1700多亿元人民币；广州完成的名义地区生产总值为23628.6亿元人民币，在区域内继续排名第三。与香港、广州不同，深圳不仅经济总量最高，而且深圳市第二产业（广义工业）的领先优势更大，尤其是在高新技术产品上，深圳具有压倒性优势。但第三产业（服务业）创造的地区生产总值却低于香港、广州。2019年，澳门完成的名义地区生产总值为4346.70亿澳门元，折合3715.54亿元人民币，同比下降了4.7%，在大湾区内排名第七。虽然澳门经济总量不占优势，但由于人口只有67.6万人，其人均地区生产总值超过了50万元人民币（约8万美元），领先幅度较大。

广东作为改革开放初期的阵地，通过“前店后厂”“三来一补”“来料加工”和“转口贸易”等模式参与国际竞争，已逐步成长为世界工厂与产业集群高地。当前，粤港澳大湾区已经取得了令人瞩目的成就：广东省对外贸易额连续34年位居全国第一，2019年外贸进出口7.14万亿元人民币，占全国总额的22.6%；香港、澳门作为独立关税区，奉行高度自由开放的经济政策，经济自由度排名世界前列。

与世界其他三大湾区相比，粤港澳大湾区有独特之处。旧金山湾区以创新和高科技产业发达而闻名天下，纽约湾区主推金融和贸易，东京湾区则是商贸业、制造业功能突出。而粤港澳大湾区的定位偏重国际贸易和国际金融方面的创新，同时还具备自贸试验区的功能。可以说，粤港澳大湾区在制度背景和综合实力方面具备一定优势。在“一国两制”制度引导下，粤港澳大湾区将社会主义基本经济制度与资本主义市场经济活力相结合，两种制度共同发力。同时，粤港澳大湾区集结海峡两岸暨香港、澳门各自的比较优势，具有旺盛的创新活力。

粤港澳大湾区同时也是具有世界级影响力的制造中心、投资中心、企业孵化中心和新经济策源地。大湾区将来会进一步聚集全球先进制造业，继续大力培育壮大战略性新兴产业发展，推动新一代信息技术、生物技术、高端装备制造、新材料、文化创意等产业发展，打造有重要国际影响力的科技和产业创新中心，使其成为带动中国南部经济增长的强劲增长极。

此外，粤港澳大湾区是“21世纪海上丝绸之路”的重要战略节点。粤港澳地处亚太主航道，可以发挥其亚太交通枢纽和“世界工厂”优势，并融合各中心城市在金融、产业、技术、服务等方面的资源。粤港澳大湾区不仅可以创建国际对话交流机制和合作平台，构建与全球投资贸易规则制度相衔接的营商环境，还可以强化与“一带一路”沿线国家和地区的城市合作、经贸往来及民间交流，促进要素资源的合理流动。

1.1.4 粤港澳大湾区社会经济未来发展趋势

粤港澳大湾区社会经济的未来发展重点在于抓住第四次工业浪潮的机会，以互联网、共享经济、人工智能等产业为核心，同时，进一步推进金融创新和服务业、制造业、交通基础设施、国际贸易、城市群与城镇发展体系。而这些突破口，正是众多资本寻求的投资机会。具体来说，湾区内四大核心城市的发展定位及目标如下：①香港——建设亚太地区国际法律及争议解决服务中心，打造更具竞争力的国际大都会；②澳门——建设世界旅游休闲中心、中国与葡萄牙语国家商贸合作服务平台；③广州——培育提升科技教育文化中心功能，着力建设国际大都市；④深圳——加快建成现代化国际化城市，努力成为具有世界影响力的创新创意之都。同时，粤港澳大湾区将进一步发挥其辐射引领作用，统筹珠三角九市与粤东西北地区生产力布局，带动周边地区加快发展。

《粤港澳大湾区发展规划纲要》明确指出：2022年时粤港澳大湾区综合实力将显著增强，粤港澳合作更加深入广泛，区域内生发展动力进一步提升，发展活力充沛、创新能力突出、产业结构优化、要素流动顺畅、生态环境优美的国际一流湾区和世界级城市群框架基本形成；到2035年，大湾区形成以创新为主要支撑的经济体系和发展模式，经济实力、科技实力大幅跃升，国际竞争力、影响力进一步增强，大湾区内市场高水平互联互通基本实现，各类资源要素高效便捷流动，区域发展协调性显著增强，对周边地区的引领带动能力进一步提升，人民生活更加富裕，资源节约集约利用水平显著提高，生态环境得到有效保护，国际一流湾区全面建成。

1.2 粤港澳大湾区道路运输发展概况

交通在大湾区建设中发挥着至关重要的作用，特别是以港珠澳跨海集群工程为代表的交通基础设施的成功建设，让大湾区道路运输建设迈入快车道和黄金期。

1.2.1 粤港澳大湾区道路基础设施发展概况

国家发展和改革委员会于2017年7月发布了《深化粤港澳合作推进大湾区建设框架协议》，其中的“推进基础设施互联互通”被列为合作重点领域之首，而《粤港澳大湾区发展规划纲要》更是明确为基础设施建设规划了发展目标：到2022年，交通、能源、信息、水利等基础设施支撑保障能力进一步增强，城市发展及运营能力进一步提升。

随着社会经济快速发展，粤港澳大湾区交通基础设施体系逐步完善，拥有连通国内和世界各地的机场群、港口群以及连通泛珠三角和东南亚的铁路枢纽，开通运营铁路和城际轨道超过2500公里、城市轨道交通接近1000公里，公路通车里程约6.5万公里，高速公路网密度达到7.96公里/100平方公里，核心区的路网密度已超过纽约、东京、旧金山三大湾区，交通发展基底良好，已具备发展成为世界一流湾区的交通基础设施条件。未来，多层级轨道交通（高速铁路、普速铁路、城际轨道、市域（郊）铁路、城市轨道交通等）规划建设稳步推进，高、快速路网进一步优化完善，将为粤港澳大湾区互联互通奠定良好基础。

近年来，粤港澳大湾区在交通基础设施建设方面持续发力，便捷高效的现代化综合交通运输体系正在加速形成。通过推动交通一体化发展，大湾区1小时生活圈初步形成。目前，番海大桥、明珠湾大桥等多个跨江通道都在加紧建设；广珠城轨延长线珠海市区至珠海机场城际轨道也已通过验收，未来这条轻轨线路将与澳门轻轨“无缝对接”；加上已经通车的广深港高速铁路，港澳两地都将通过广东融入国家高速铁路网。通过基础设施的建设和通行政策的优化，粤港澳大湾区“人畅其行、货畅其流”，为粤港澳大湾区参与国际竞争奠定了基础。作为全国最大的内贸集装箱枢纽港，广州港的外贸航线总量达到了117条，通达世界100多个国家近400个港口。广州通过加强与深圳、香港两地港口的分工合作，使大湾区形成了有层次、有分工、有协同的港口综合物流体系。

粤港澳大湾区的交通基础设施还在进一步延伸：珠江口的跨江通道正在建设，狮子洋通道计划将于2027年完工，莲花山通道前期工作也正在加快推进。

1.2.2 粤港澳大湾区道路运输行业发展概况

截至2019年底，粤港澳大湾区珠三角9市高速公路通车里程达4500公里，核心区密度约为8.2公里/100平方公里，超过纽约、东京都市圈；初步形成以广州枢纽为中心，连通珠三角和粤东西北、辐射华东中南西南地区的放射性路网格局。

大湾区内城市群已具相当规模，经济一体化、城乡一体化态势基本形成，近几年的“五一”、国庆等节假日期间，大湾区综合交通枢纽高峰客流饱和度平均超过80%，枢纽服务能力接近饱和，全年节假日高峰日高快速路的拥堵里程比平均达到41%。随着大湾区的进一步融合发展，城市群内的人、车、物流动愈加频繁，交通需求将快速增长，预计2035年，湾区跨城出行的年均客流量将达8.7亿人次，主要枢纽、节点、对外通道的交通压力将倍增，湾区交通协同发展面临严峻挑战。因此，需要加快推动湾区综合交通运输体系一体化发展，提高交通运输效率，实现交通资源利用率最大化，促进湾区交通互联互通、协调发展。

1.2.3 粤港澳大湾区道路交通运输的发展目标与发展趋势

推动大湾区交通基础设施互联互通和各类运输方式综合衔接成为粤港澳大湾区发展的首要任务。进一步完善粤港澳大湾区的现代化综合交通运输体系，将更有利于湾区城市群的设施融通、创新融合和开放融入。

1）发展目标

要抓住粤港澳大湾区建设重大历史机遇，推动三地经济运行的规则衔接、机制对接，加快粤港澳大湾区城际铁路建设，促进人员、货物等各类要素高效便捷流动，提升市场一体化水平，助力粤港澳大湾区高质量发展和构建以国内大循环为主体、国内国际双循环相互促进的新发展格局，为粤港澳大湾区经济社会发展提供有力支撑。

一是建设人民满意的交通运输体系。基于粤港澳大湾区“一国、两制、三关税”的实情，以及当前粤港澳大湾区交通建设在行政壁垒、行业藩篱、服务差异等方面的不足，粤港澳大湾区一体化综合交通运输体系建设的总体思路在于以“人民满意”为评判标准，打破不同行政地区“各自为政”的孤立隔阂，走“共谋、共建、共治、共享”之路。应以运输需求为导向，注重发挥市场主体的积极性、主动性和创造性，不断提升综合运输服务水平，让人民群众在交通运输发展中有更多获得感。

二是建设轨道上的大湾区。加快推进广清城际广州白云至广州北段、穗莞深城际南延等16个城际铁路项目，珠海至肇庆、广州至珠海（澳门）高速铁路等6个区域干线高速铁路项目开工建设。推进粤港澳大湾区干线铁路、城际铁路、市域（郊）铁路、城市轨道交通“四网融合”。2025年，粤港澳大湾区对外高速铁路主通道和城际铁路网骨架初步形成；2035年，粤港澳大湾区铁路网络运营及在建里程预计达到5700公里，建成以粤港澳大湾区为核心“四向拓展”高速铁路主骨架，重要通道或区段形成双通道，形成“三极三轴放射”粤港澳大湾区城际铁路网。

三是完善内联外通的高速公路网络。加快建设深中通道、黄茅海通道工程，推进狮子洋通道、莲花山通道等跨江通道前期工作，加快建成能力充分、方式协调、集约利用的跨江跨海通道群。加快完成广东省国家高速公路通道扩容，稳步推进机荷、深汕西、开阳、广深、江中等国家高速公路改扩建工程。推动形成“十二纵八横两环十六射”主骨架高速公路网络，2025年通车里程达到12500公里，2035年达到15000公里。

2）发展趋势

交通运输部门今后将全面加快粤港澳大湾区现代交通运输体系建设，着力畅通综合交通网络。今后粤港澳大湾区道路交通运输发展趋势包括以下几个方面。

一是道路交通服务水平进一步提升。粤港澳大湾区未来的发展是从自上而下的“放”（激发市场活力）向自下而上的“收”（提升效能质量）转变，从“从方便管理出发”向“以人民为中心”转变，主动谋划，适应大湾区出行需求。在治理能力上“补短板”“强弱项”，构建一体化综合交通运输体系，减少交通全流程出行链的分割，提升效率和服务水平，为粤港澳大湾区提供高质量的综合交通出行服务，推进大湾区交通出行服务治理体系和治理能力现代化，满足人民日益增长的美好出行需要，真正实现大湾区交通出行互联互通、无缝衔接和“门到门”出行。

二是综合交通运输体系进一步完善。构建湾区交通规划编制体系，完善多元协同的规划编制组织模式。在大湾区城市群层面，建立与国家（省）层面规划、城市层面规划相衔接的大湾区交通规划编制体系，统筹落实国家战略意图，协调大湾区港口群、机场群、高速和快速铁路、高速公路等战略资源在城市群的空间配置，并重点针对城际轨道、市域铁路、跨市公交等城市交通层面难以落实的规划建设任务形成规划编制体系。

三是道路交通保障能力进一步提升。为进一步提高交通道路突发事件应急管理水平，有效处治交通突发险情，保障道路安全通畅，粤港澳大湾区的道路交通运输建设将从实际情况出发，强化措施落实，着力提升道路应急保障能力，完善公路应急抢险预案。针对沿海常发生的台风、暴雨等恶劣天气对通行造成的灾害，进一步完善应急抢险工作方案，明确应急管理职责，建立运转高效的应急工作机制。同时，扩充抢险人员队伍，落实应急抢险机械设备、储备抢险物资。

四是道路科技创新活力进一步增强。在今后交通出行的过程中，将打造“一站式”出行服务体系，驱动交通精细化治理和应用服务全新变革。推动第五代移动通信技术（5G）、大数据、互联网、人工智能、区块链、超级计算等新技术与交通行业深度融合，推进数据资源赋能交通发展，加速交通基础设施网、运输服务网、能源网与信息网络融合发展，构建泛在先进的交通信息基础设施。构建综合交通大数据中心体系，深化交通公共服务和电子政务发展。大力发展共享交通，打造基于移动智能终端技术的“一站式”出行服务系统，实现出行即服务。

1.3 粤港澳大湾区节假日道路交通运行特征及问题分析

分析粤港澳大湾区节假日道路交通运行特征及问题对大湾区节假日的交通规划、组织与管理有重要的意义。本节将对粤港澳大湾区道路交通运行特征、节假日道路交通运行特征及节假日道路交通管控存在的问题和难点进行分析。

1.3.1 粤港澳大湾区道路交通运行特征

2010年以来，区域经济快速增长助推大湾区交通快速发展。其中，大湾区中远距离客运需求增长最为明显，机场、铁路对外、铁路城际旅客发送量均翻倍增长，分别达到1.81亿人次/年、1.18亿人次/年和1.23亿人次/年。未来，大湾区融合发展进一步加速，大湾区内部城际交通出行将成为增长的重要方向。随着互联互通铁路网络逐步成型，铁路在大湾区中远距离客运出行中的占比将大幅提升。预测至2035年，机场吞吐量较现状增长1.2倍，达到3.9亿人次/年；铁路对外、铁路城际分别增长超过4倍和6倍，达到12亿人次/年和8.7亿人次/年。

粤港澳大湾区的道路交通可以分为市内道路交通和城际道路交通。广州、深圳和香港作为粤港澳大湾区交通运输中的重要组成部分，其道路交通运行对粤港澳大湾区道路交通有着较大的影响。因此，本节主要选取以上三个城市，对其市内道路交通和城际道路交通的运行特征进行分析。

在市内道路交通运行方面，根据高德地图2019年第一季度发布的“全国堵城排行榜”，广州排名全国第29位，远低于其他一线城市。2019年深圳工作日高峰时段十大拥堵快速路段平均行车速度为21.2公里/小时，各路段交通运行指数超过6.0，交通运行处于较拥堵及以上等级。香港在以公共交通服务为本、以轨道交通为骨干的交通运输政策下，已形成以公共交通为主导的发展模式。高德地图联合交通运输部科学研究院、阿里云发布的《2017年度中国主要城市交通分析报告》显示，香港高峰时段实际车速约为37.62公里/小时。

在城际交通方面，基于广东省高速公路收费数据分析，高速公路承载的出行范围在大湾区之内的车流占总量比例为96.49%，其中出行范围在深圳、广州市区之内的相应比例分别为81%和74%。以收费站入口为起终点进行统计，大湾区车流出行站到站的平均距离为36.7公里（广东省均值为43公里），其中深圳、广州出行的平均距离分别为26公里和32公里，总体上说明区域内中短距离交通需求越来越依赖高速公路组织和承载。香港方面，随着港深路网连通，过境巴士、专营巴士、私家车的比例逐渐增大，至2017年公路运输占比41.8%，同时私人小汽车出行量逐渐增长，从2007年的14100辆次/日大幅增加到2017年的20900辆次/日。

1.3.2 粤港澳大湾区节假日道路交通运行特征

为进一步提升收费公路的通行效率和服务水平，方便公众在重大节假日期间的快捷出行，2012年7月，国务院批转交通运输部等六部委联合制定的《重大节假日免收小型客车通行费实施方案》（国发〔2012〕37 号），明确规定在春节、清明节、劳动节、国庆节4个国家法定节假日期间，免收7座及以下小型客车的通行费。同年9月，广东省人民政府办公厅也结合实际情况，出台了《广东省重大节假日免收小型客车通行费实施方案》（粤府办〔2012〕90号），明确规定了广东省收费公路重大节假日小型客车免费通行政策的实施细则，即免费时间范围为春节、清明节、劳动节、国庆节4个国家法定节假日的第一天0时开始到最后一天24时结束（普通公路以车辆通过收费站收费通道的时间为准，高速公路以车辆驶离出口收费车道的时间为准）；免费通行的车辆范围为行驶于收费公路的7座及以下载客车辆，包括允许在普通收费公路行驶的摩托车；免费通行的收费公路范围为全省已建成通车的全部收费公路（含收费桥梁和隧道），机场高速公路也实行免费通行。

一系列相关规定的出台，降低了节假日公众出行成本，同时强烈刺激了节假日粤港澳大湾区民众的出行意愿，对刺激消费、拉动内需起到了积极作用。然而，收费公路重大节假日小客车免费通行政策也引发了一些难以避免的问题。给节假日粤港澳大湾区道路运输带来新的特征。

一方面，交通供需严重失衡。在节假日期间，受高速公路免费政策的影响，大量乘客选择自驾出行，极大增加了出行需求。交通运输系统受到大流量冲击，由于供给能力受上限抑制，继而引发交通拥堵、延误甚至系统瘫痪等现象。对于部分常态拥堵点而言，其情况更为严重。同时，严重超负荷的交通压力也导致交通安全事故频发。

另一方面，交通运行效率低下。虽然小客车在节假日出行节省了高速公路通行费，然而堵车所消耗的社会成本、时间成本及高流量所造成的事故成本远高于平日的相关费用。同时，由于客流量高度集中，重要路段极易拥堵，严重削弱路网的客流疏散效率和应急防御能力，一旦发生突发事件，危害较大且处置难度极大。

1.3.3 粤港澳大湾区节假日道路交通管控的问题及难点

针对粤港澳大湾区重大节假日期间的交通运行特点，各地市都推行了许多卓有成效的运输组织措施，然而在实践中也出现一些问题，具体分析如下。

（1）交通运输组织“重运力，轻组织”。重大节假日期间由于公众出行需求剧增，交通运输管理部门普遍采用增加运营车次、增加运输专线、延长服务时间、提高发车频率等措施提高交通运输系统的运力，从而保障旅客的出行。然而盲目增加运力而不考虑具体的需求增加情况，一方面容易造成资源浪费，另一方面也会在一定程度上给本就拥挤的交通运输系统增添了额外负担，导致“事倍功半”，且服务质量得不到保障。

（2）缺乏多模式交通运输系统的协调与组织。铁路、轨道交通、公交和出租汽车等不同的运输方式隶属不同的部门管理，同一运输方式的不同运营企业也独立运营。各交通运营单位通过各种措施实现其运营目标，但缺少协调性和整体性，使得该地区各种运输方式的调度、衔接和组织匹配度较低，致使运输组织效率低下。

（3）运输组织方案的制定更多是针对“问题后”，而非“问题前”。当前所采用的运输组织方案主要针对路段出现通行效率低下、交通饱和或拥堵之后所采取的疏散方法及交通管控措施，虽然能够阻止交通效率继续恶化，但其管控措施开展时交通系统已经受损，管控成本较大且效率不高。合理有效的组织措施应该针对重要路段，在拥堵发生前就提前制定并实施，提前分流，保障重要路段的运输组织效率，从而保证整个路网的运输组织效率。

（4）公共交通系统组织不力。重大节假日交通拥堵的一个重要原因在于大量的公众选择了自驾方式出行，使得路网交通量暴增，接近甚至远超出主干路网的承载能力。公共交通由于单车载人数量远高于私家车，是解决交通拥堵最有效的方法之一。然而，由于公共交通系统服务水平不高，如换乘不便、乘车等待时间长、可靠性较差、卫生条件差等，很难吸引公众放弃自驾而选择公共交通出行。因此，公共交通系统需要从各方面入手，提高便捷性、准时性、安全性和舒适性，同时加强公交优先政策的实施等，从而提高重大节假日期间公共交通的吸引力。

（5）交通信息共享来源广泛，不成体系。随着科技发展，大量的交通信息可以实时准确收集，并通过社交网站、网络平台等广泛传播。一方面越来越多的人能够参与到交通信息的互动中来，另一方面信息的来源纷乱复杂且夹杂着大量不实或不准确信息，使得出行者很难获取有效的动态交通信息。

重大节假日期间出行高峰运输组织方面存在的问题，既影响了公众的正常出行需求，也降低了旅客运输的服务质量，限制了道路、铁路及航空综合运输行业服务经济的发展。重大节假日期间小客车免费通行政策实施后产生的新情况、新问题，是实施过程中必然会出现的。对症下药，尽快解决重大节假日期间出行高峰运输组织的难题，成为我国重大节假日免收通行费政策的重点研究方向，也是解决重大节假日大湾区出行问题的必经之路。

然而，解决粤港澳大湾区重大节假日运输组织问题面临着巨大挑战。首先，我国在重大节假日期间所产生的交通需求是独特的，不同的节假日所产生的交通需求存在较大差异，寻求统一化、普适性的应对方法较为困难。其次，节假日的交通需求已经接近或超过单一运输系统所能承载的容量，如何加强各交通模式的资源协调以及如何通过交通资源调配反作用于交通流是亟待解决的问题，然而考虑到交通系统的复杂性以及其中众多参与主体间的耦合关系，解决该问题也面临着巨大困难。最后，城市群作为城市聚集体，交通联系十分频繁，各大城市的交通调配与衔接问题存在着一定“延迟”与不协调，各类交通组织问题在重大节假日大流量冲击下都会被迅速放大。在此背景下，如何根据粤港澳重大节假日出行规律、交通管理模式等的不同，有针对性地建立以城市群为中心的交通协调管理组织架构与机制极具挑战。

②

国内外城市群道路运输组织经验

本章对国内外重要城市群道路运输组织的经验、特点、模式进行分析和总结，为粤港澳大湾区道路运输组织方案设计提供支撑。

2.1 国内城市群道路运输组织经验

本节分别介绍京津冀及长三角两个城市群的道路运输组织经验，其相关做法对粤港澳大湾区城市群的道路运输建设有借鉴意义。

2.1.1 京津冀城市群的道路运输组织

京津冀城市群包括北京、天津两大直辖市和河北省的保定、唐山、廊坊、石家庄、秦皇岛、张家口、承德、沧州、衡水、邢台、邯郸、定州、辛集，形成“一核，双城，三轴，四区”的发展格局。京津冀城市群拥有高度发达的公路、轨道、铁路及航空综合交通系统，正在以多层次的交通需求特征为立足点，努力构建与京津冀城市群空间结构相匹配、以多模式轨道交通为主体的开放型、网络化交通发展体系。京津冀城市群作为我国的第二大城市群，覆盖范围、经济和政治优势使其交通运输系统的发展领先于全国众多地区，在应对节假日出行高峰时也形成了一些有参考价值的运输组织策略。

1）全面提升运力保障

在重大节假日前夕，特别是春运期间，在客运线路方面，各客运站在保证每日正常班次的同时，通过开行加班车来提高运力保障。如2019年春运前夕，各客运站共开行加班车2653班次，筹措备班运力876辆。在出租汽车方面，加强运营调度，重点做好机场、火车站和主要客流集散地的运力保障，遇恶劣天气致使机场、火车站运力严重短缺时，通过引导空驶出租汽车和组织备班车辆进行运力保障。

2）全方位完善购票服务

京津冀城市群主要从六个方面完善购票服务。一是在节假日期间试行网购车票候补服务；二是增设售票窗口（含自助售、取票机等）；三是完善支付方式，如进一步完善车站窗口、自助售（取）票机、列车补票、出站补票移动支付功能，车站和车上实现微信、支付宝移动支付全覆盖，方便旅客购票；四是重视团体票服务，例如为应对春运大客流，先后推出学生团体票和务工人员团体票预订服务，积极与区域内院校对接，并在北京站、北京西站和北京南站设置务工团体票专用窗口；五是优化省际客运服务，继续实行实名制联网售票，继续推行并进一步优化“送票上门”等服务，重点省际客运站根据需要适当延长开放时间，同时探索提供多种形式的售取票服务；六是完善港澳台旅客自助购取票服务，在北京站、北京西站、北京南站等23个车站设置多台能够识别港澳台通行证的自助售取票机，方便港澳台旅客购票。

3）优化车站服务组织，增设应急通道

在京津冀地市级以上车站增设应急服务通道，安排志愿者或专人引导服务，为距离开车15分钟以内的旅客，提供优先取票、安检、验证、检票上车等服务，避免旅客延误旅程。北京南站快速进站通道实现常态化开启，春运期间延长开启时间，每日7:00—19:00不间断开启，满足早晚高峰期旅客的乘车需求。

4）开展重点旅客优享服务

在北京站、北京西站、北京南站、天津站、天津西站、石家庄站、唐山站设置“四区一室一口”，即商务座候车专区、重点旅客候车区、儿童候车娱乐区、军人候车区和哺乳室以及“爱心进站口”，满足重点旅客候车、乘车需求。面向社会公布预约服务电话进行预约服务，如12306服务热线或主要车站服务热线等。为重点旅客提供轮椅、担架、优先进站、便利出站一条龙服务。同时，提供爱心医疗救助服务和遗失品找寻服务。

5）增加自助核验设备

一是北京铁路局车站进站口新增超百台自助实名制核验闸机（刷脸验证设备），自助实名制核验通道增至300个以上，提高旅客进站效率；二是进一步扩大持二代身份证直接刷证进出站、检票乘车的应用范围，在动车组列车停靠站实现刷二代身份证自助进出站检票。

6）完善信息共享机制

春运各服务部门广泛利用电视、广播、短信、微博、微信等多种渠道，及时发布班次增减、客票剩余、道路拥堵、交通管制等各类信息，以便旅客提前调整出行安排，错峰出行。

7）开展志愿服务活动

春运期间，北京铁路局组织7000余名服务志愿者，在北京站、北京西站、北京南站、天津站、天津西站、石家庄站等17个重点客运站开展旅客引导、秩序维护、乘降咨询、安检限流等志愿服务活动。

8）完善小红帽行李搬运服务

本着“有需求有服务、无需求无干扰”的服务原则，小红帽搬运行李服务实行定点等候，统一调度、集中管理。同时，研发了“小红帽”App（应用程序），从接单到支付整个环节均可通过网上平台实现，实现线上线下相结合的全方位服务。

9）优化安全保障措施

北京铁路局加强与公安部门、武警部队的协调沟通，抽调400余名警力，支援北京站、北京西站、北京南站春运安保力量；强化安检查危工作，做到进站旅客和物品行李件件安检；固定旅客列车值乘任务，保障旅客出行安全；加强对无票乘车、行李超重超大、违禁品携带和动车组内吸烟行为的管理。此外，公安部门开展打击倒票行动，加强车站、广场和售票厅内外巡查，严厉打击线上线下倒票等违法行为，维护公平公正的购票环境。

2.1.2 长三角城市群的道路运输组织

长三角城市群横跨上海市和江苏、浙江和安徽3省，包括上海、南京、杭州、合肥、苏州、无锡、南通、盐城、扬州、宁波、嘉兴、绍兴、舟山、芜湖、马鞍山等26市，占地面积为21.17万平方公里。截至2018年，长三角城市群常住人口为2.2亿人，占我国总人口的16%左右，地区生产总值为211479.24亿元，占全国总量的23.5%。长三角城市群是“一带一路”与长江经济带的重要交汇地带，在我国国家现代化建设大局和开放格局中具有举足轻重的战略地位，是我国参与国际竞争的重要平台、经济社会发展的重要引擎、长江经济带的引领者，是我国城镇化、现代化发展俱佳的地区之一。长三角城市群经济腹地广阔，拥有现代化江海港口群和机场群，高速公路网比较健全，公路、铁路交通干线密度全国领先，立体综合交通网络已基本形成。

长三角城市群为应对重大节假日出行高峰提出了较多切实可行的对策。由于长三角城市群与粤港澳大湾区在区位、经济和政治等方面有较大的相似性，这些对策在改善长三角重大节假日交通现状的同时，也对粤港澳大湾区重大节假日运输组织策略的制定有较大参考价值。

在公共交通组织（本书中指除铁路、航空外的公共交通，包括城际客运、地铁、公路客运等交通方式）方面，其主要策略有以下八点。

1）开设专线，提升运力保障

提升运力主要体现在增加运营车辆数、延长服务时间、提高发车频率、调整发车线路、增加临时专线等方面。例如，2019年春运期间，上海市公共交通、出租汽车在运力保障方面都做了大量工作。公交方面，各公交公司开设通达市区和农民工集中区域的28条春运专线及8条临时专线，为节后返程旅客提供“最后一公里”保障；出租汽车方面，各骨干企业保持3000辆的应急保障车源，充分利用电话、互联网、移动终端等多种方式方便市民叫车，同时，各大调度中心储备近2万辆电调用车，以应对动态交通需求。2019年清明节期间，为方便市民清明期间赴近郊墓地扫墓，上海陆续开通了23条清明扫墓定点班车，共投入507辆营运车辆，覆盖上海市闵行、嘉定、青浦、宝山等十余家公墓；杭州公交集团也开通13条公交专线，其中扫墓专线8条、清明节定制公交线4条、连接地铁4号线与南山公墓的扫墓接驳线1条。

2）强化监管，严格执行各项安全措施

加强对客运公司、重要枢纽及客运站的监管，掌握“三不进站、六不出站”等各项安全制度及实名制售票执行情况，对不合格单位进行严肃处理；加强对营运车辆的安全技术检查和进出场管理，强化从业人员安全教育，确保每一个生产运营环节的安全防范措施落实到位。

3）以人为本，提升交通服务品质

春运期间，各客运站点除了增加售票窗口、改善旅客候车环境、积极开展志愿者服务等举措外，针对节前各大院校学生放假及务工人员集中返乡的出行需求，提供个性化交通服务。例如中国移动通信集团有限公司主动对接上海各大院校，开设了多条由校园直达上海市各主要机场、火车站、客运站点的市域定制班线，方便学生返乡和返校；上海交运巴士客运（集团）有限公司主动与务工群体集中地企业对接，为务工人员提供“点到点”“门到门”的直达返乡服务，极大提高了学生族和务工人员出行的便利性。

4）明确工作安排，做好值班保障

春运期间，上海市出租汽车行业五家骨干公司、蓝色联盟和法兰红等积极落实安排好返程高峰期间各枢纽站点值班任务，落实企业的自查自纠和日常巡查，积极响应上海市交通委员会指挥中心的相关调度指令。

5）加强对高速公路的管理与组织

节假日期间，公安部门加强了对全市道路交通管理和指挥调度：一是强化执勤，以出入市境道口、高速公路、高架道路、交通主干道为重点，增加执勤警力，增设执勤岗位；二是强化管控和分流疏导，通过设立引导标识、人工控制信号灯、加装隔离设施等措施，引导车辆快速通行；三是严格执法，对交通违法行为坚持执法整治“全覆盖”“零容忍”，做到“见违必纠、纠违必处、处罚必严”，全力确保道路交通安全、畅通、有序。

6）加强对地铁的管理与组织

节假日期间，为迎接大客流，上海地铁运营方制定了专项方案，包括实施常态延时运营；加强关键站点的客运组织力量，增派服务人员、安保和志愿者，加强重点车站的安全引导；储备好应急预案，一旦出现大客流，及时启动应急预案；重视重大赛事和活动的客流组织，各项活动及展会期间，加强活动离、散场等重点时段的客流引导及监控。

7）完善景区的运输组织

节假日期间，杭州西湖景区针对景区及周边交通采取了一系列措施：一是限制景区内部的交通量，根据景区交通流量和停车情况的饱和程度，适时在外围卡口采取临时管制措施；二是合理疏导景区周边交通流，通过对景区外围的路段采取单行、禁止左转弯等管制措施，组织外围交通有序运行；三是构建人流和车流区域循环，例如景区设置了三个循环，包括景区内循环和两个景区外循环，有效组织交通流及人流通行。

8）预测拥堵路段，提出绕行提醒

节假日期间，杭州为市民提供了节前节后的近端绕行路线，例如上海、苏州、嘉兴方向去往杭徽、杭新景高速公路方向的车辆，可在观音桥枢纽、二号枢纽诱导，经三号枢纽，走钱江通道（或嘉绍大桥），经齐贤枢纽、红垦枢纽、张家畈枢纽，走绕城南线至杭微、杭新景高速公路；上海、苏州、嘉兴方向去往杭金衢高速公路方向的车辆，可在观音桥枢纽、二号枢纽诱导，经三号枢纽，走嘉绍大桥，经沽渚枢纽、诸暨枢纽、直埠枢纽，至杭金衢高速公路等。

2.2 国外城市群（都市圈）道路运输组织经验

本节分别介绍美国旧金山大湾区及日本东京都市圈的道路运输组织经验，为国内城市群道路交通组织提供借鉴。

2.2.1 美国旧金山大湾区道路运输组织

美国旧金山大湾区在20世纪70年代已经是世界公认的成熟的城市群之一。该城市群所在的东北走廊拥有全美国最为密集的交通网络，集中了全美国75%的通勤客流，超过半数的列车从这里出发；全美国12%的高速公路里程集中在该城市群，同时每日有9100万辆的短途和超过45万辆长途出行的机动车从这里出发；东北城市群还集中了超过全美国30%的航班，拥有8个全美国排名前30位的繁忙机场，每天东北走廊间的旅行人数超过3万人。它还是繁忙的物流中心，全美国20%的货物在这里流通。完善的交通运输网络有力支撑了旧金山大湾区各城市间频繁的客货流通。

美国的土地资源较为充足，人口密度也较低。特别是第二次世界大战后，美国政府对小汽车发展采取了一系列鼓励政策，如1956年出台的《联邦资助高速公路法案》，使得洲际高速公路得到大规模建设，小汽车也逐渐成为美国家庭最主要的交通工具。随着小汽车数量的快速增长，美国城市郊区化进程加快，逐步形成了低密度蔓延的城市形态。美国旧金山大湾区主要城市之间的客货运输近90%都是通过公路进行。需要说明的是，在旧金山大湾区内部城市间的中短途货运，一般使用货车，货物价值高、城镇密集和货运距离较短的特点，使得货车集装箱运输广受青睐。而铁路则主要在长途货运中发挥重要作用。从都市圈范围看，在人口密度高的城镇区，使用公共交通通勤的平均比例为42.3%（曼哈顿为75%）；在人口密度较低的郊区，使用小汽车通勤的比例高达85%以上。

美国的节假日中，交通问题最为严重的是感恩节与圣诞节，除人多车多外，还受到严冬时节雨雪频繁的困扰，道路堵塞和航班晚点等情况频繁发生。政府曾出台多项政策与法令治理交通拥堵问题，如修建高度发达的公路系统、增加公共交通的资金投入、发展智能交通系统等。这些措施实施后，城市交通效率显著提高，日常和节假日的交通拥堵问题都得到了一定改善。

2.2.2 日本东京都市圈运输组织

日本东京都市圈是由东京、名古屋、大阪三大都市圈连绵而成的日本东海道城市群，是日本人口、产业最密集的地带，以28%的土地集聚了64%的人口和68%的经济总量。20世纪50年代末至70年代初是日本经济高速发展时期，日本政府认识到交通对社会和经济发展的重要引领作用，并结合多次全国综合开发规划，于1962年、1969年和1977年分3次对东海道交通大动脉进行了大规模的整治和扩建。东京都市圈以京滨工业区、阪神工业区和中京工业区三大工业集聚区（都市圈）为中心，建设了由东京、名古屋及大阪地区的高速铁路（东海道新干线）、高速公路（东名、名神高速）、航空线路等为主动脉的综合交通网络，对促进关东和关西地区的经济发展、人员往来和社会交流起到重要的桥梁作用，大大推动城市群一体化发展。

日本城市群发展模式的特点主要表现为城市和区域的扩张主要沿着轨道交通等大容量、集约化的交通线路呈高度聚集式发展。从日本东海道城市群的铁路线路布局与人口分布来看，无论是在都市圈还是在整个东海道城市群，其人口分布基本上是沿着以轨道交通为骨架的交通走廊布局。

此外，从交通结构来看，轨道交通在日本城市群客运出行中占据主导地位，公路则主要承担物流通道的角色。在东京都市圈的通勤出行中，轨道交通出行比例为50%左右，人口密度较高的中心区的表现更为明显，其轨道交通通勤出行比例高达80%。

每逢元旦、盂兰盆节（日本每年以7月15日为主，祭祀祖先的活动）等重要节日，返乡高峰都会引发交通拥堵。日本交通主管部门——国家公安委员会出台了一系列治堵措施，取得了一定成效。

首先，信息技术是基础。日本运用信息技术发现全国2000多个易堵点，平时对这些道路“瓶颈”加强改造，并在节假日增派交警指挥。日本道路交通信息网站还会在重要节日前夕发布拥堵预报，通过媒体广而告之，呼吁公众错峰出行。

其次，利用价格杠杆调节车流。高速公路公司在节假日期间推出非高峰时段高速费优惠，以分散车流。另外，在盂兰盆节，政府机构、金融机构和服务行业不放假，以减少返乡人流。

最后，呼吁公众利用公共交通出行。在重要节日，新干线等增加列车临客和车厢数，高速客运和航空公司也会增加班次，缓解公路压力。

2.3 城市群交通运输组织经验总结

通过以上对国内外重点城市群节假日期间交通组织方案的分析，可以总结出以下经验，为粤港澳大湾区节假日道路运输组织方案的设计提供借鉴。

2.3.1 构建多层次轨道交通网

为了满足不同城市群不同圈层的交通需求特点及功能需要，构建多层次轨道交通网。城市群区域内的交通可分为3个层次：一是中心城市中心城区范围内的交通，即城市交通，以市民的日常出行为主；二是中心城市与其周边城市或城镇相互联系所产生的交通，即都市圈交通，主要以通勤出行为目的；三是城市群各中心城市之间的交通，即城际交通，主要以商务、休闲、娱乐、货物流通等目的。不同层次交通的出行目的不同，所产生的交通需求以及对交通服务的要求也存在差异。

从纽约、东京等国际城市群与都市圈的交通空间圈层分布特点来看，轨道交通具有明显的圈层分布特点：在城市中心区（15公里半径）范围内，主要通过建设高密度的地铁线路来满足城区内居民的交通出行需求。在中心城市（70公里半径）的范围内，则主要通过市郊铁路和区域快线提供都市圈范围内的通勤服务。东京、纽约、伦敦、巴黎等国际大都市50公里半径范围的通勤圈均拥有2000公里以上的市郊铁路来服务大规模的通勤出行。70公里半径范围外的通勤圈主要通过大站距的高速铁路（如日本的新干线、法国的TGV、美国的阿西乐快线）来满足城市群主要城市之间的商务出行。

2.3.2 城市群综合交通枢纽与中心城市功能布局相互结合

随着区域一体化进程的加快以及高速铁路、城际铁路等交通通道的建设，城市与城市之间的经济联系会进一步加强。将枢纽与城市功能区结合起来进行布局，可使大量城际客流到达城市“末端”（即铁路客运枢纽）后能快速地疏散，并可以大大缓解城市内部交通网络压力，同时极大地加强城市间的经济互通互联。

东京就是围绕城市综合交通枢纽进行都心和副都心的建设，从源头解决城市交通问题。同时，围绕综合交通枢纽进行高强度的土地开发，例如东京站、新宿站等重要综合交通枢纽周边建筑的容积率均超过10，且融合商业、办公、休闲娱乐等多种功能，满足多样化的出行需求。此外，东京的综合交通枢纽内部将公共汽车站、出租汽车站、地下停车场以及商店、银行、商业街等布置在同一建筑物内，与地下通道连为一体，出入口覆盖范围广，可以在较大程度上满足居民的出行多样化需求。以新宿站为例，在以车站为中心的半径2公里范围内分布了100多个出入口，地下连廊将枢纽与周边建筑有效衔接起来，既为乘客购物、商务办公等提供了方便，又有利于枢纽客流的快速、高效疏散。根据东京都市圈交通调查显示，东京综合交通枢纽出站客流中88.7%都是依靠步行疏解，使用小汽车的比例仅为2%。

2.3.3 打破行政壁垒，形成紧密的区域协调机制

从国外城市群的发展经验来看，城市群的协同发展，必须要打破行政壁垒，形成一套强有力的区域组织协调机制。美国的交通专区和德国的交通联盟是实现区域交通协调发展的良好典范。

自20世纪20年代以来，美国进入了大都市化发展阶段。为解决大都市所面临的发展矛盾和问题，美国官方进行了多方面的探索，如政府间协议会、地区间协议、交通专区等，以实现有效的区域协调管理。交通专区设立的目的是协调大都市区内交通基础设施的建设、运营和服务。相对于政府间协议会和地区间协议而言，交通专区在财政和行政方面具有实质性的独立地位，是在美国大都市区政府“难产”且又迫切需要区域性交通服务局面下的“次优选择”。

③ 粤港澳大湾区节假日道路运输需求分析

重大节假日出行高峰客流需求分析是进一步优化大湾区城市群交通设施建设和重大节假日交通运输组织的基础。解析重大节假日大湾区交通运行状态，探究极端情形下交通运行的供需矛盾，是优化大湾区城市群基础设施建设和部署重大节假日道路运输组织工作的基础。

本章将从市内客运需求、城际客运需求、跨境客运需求三个层面分析粤港澳大湾区在重大节假日期间的客流规律，全方位挖掘粤港澳大湾区在重大节假日期间所表现出来的区别于其他城市群的独有特征，预测粤港澳大湾区未来交通需求，为有针对性地进行道路交通运输组织提供支撑。

3.1 粤港澳大湾区道路运输的总体需求特征

为更好地分析节假日期间粤港澳大湾区的客运需求规律，本节首先对粤港澳大湾区2015—2017年的总体客运需求进行分析。

粤港澳大湾区道路客运需求最主要体现为道路、铁路和航空客运量及旅客周转量，本节从珠三角各城市的统计年鉴中筛选了其2015—2017年的年客运量及年旅客周转量进行分析，如表3-1及图3-1所示。

由表3-1及图3-1可知，2015—2017年珠三角各城市的总体年客运量和年旅客周转量分别以年均1.8%和3.1%的速度持续增长。然而，具体到各个城市，除了广州、深圳及佛山的年客运量及年旅客周转量都在逐年增长之外，其他城市的年客运量和年旅客周转量均有小幅波动。广州和深圳作为珠三角内最为主要的城市，其年客运量及年旅客周转量远超其他7个城市的总和，可以看出广州和深圳在粤港澳大湾区的交通运输中扮演着重要角色。

2015—2017年珠三角各城市年客运量及旅客周转量表　　表3-1

城市	年份（年）					
	2015		2016		2017	
	客运量（万人次）	旅客周转量（万人·km）	客运量（万人次）	旅客周转量（万人·km）	客运量（万人次）	旅客周转量（万人·km）
广州	42869	20288927	45823	21698556	49442	23488229
深圳	16511	9532100	17009	10269900	18142	10923900
珠海	5461	1010262	5240	945479	5379	912814
佛山	5731	617575	5890	713012	5972	768473
惠州	7380	710137	7001	666286	6829	691827
东莞	4961	771316	4874	773196	4342	681427
中山	1896	165449	1599	188978	1518	240524
江门	9239	973605	9746	606477	9606	611027
肇庆	3119	147092	3039	137897	3042	138787
总和	97167	34216463	100221	35999781	104272	38457008

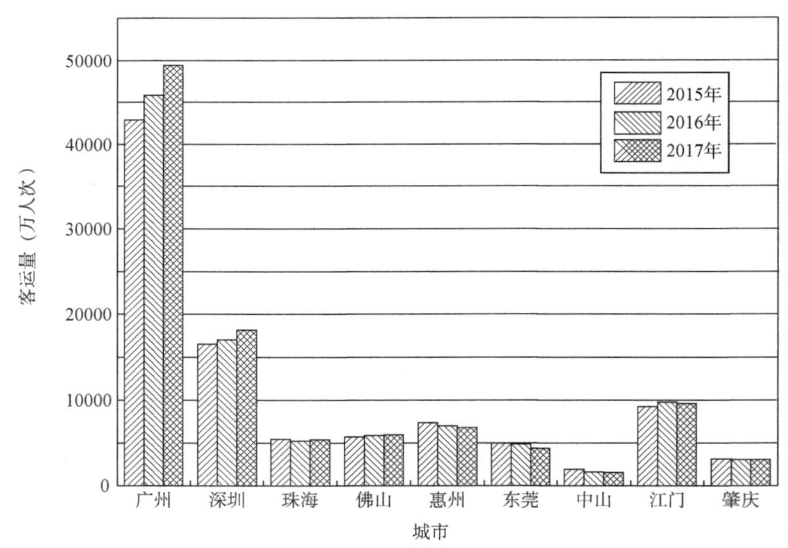

图3-1　2015—2017年珠三角各城市年客运量

2015—2017年珠三角各城市日均客运量及旅客周转量及2018年珠三角各城市日均客运量的分担率分别如表3-2和图3-2所示。

由表3-2可知，珠三角各城市的日均客运量及旅客周转量的变化规律与年客运量及旅客周转量的变化规律类似，日均客运量及日均旅客周转量均有小幅增长。由图3-2可知，2018年珠三角各城市日均客运量的组成中，广州占比43.98%，深圳占比16.92%，其他7市占比总和为39.10%，可见广州及深圳在粤港澳大湾区交通运输网络中的重要地位。该地区居民出行量在增加的同时也带来了两地区经济的飞速发展。其他市区也应加大城市交通运输组织管理，发挥交通对经济的带动作用，在发展本地区的同时实现大湾区的协调可持续发展。

2015—2017年珠三角各城市日均客运量及旅客周转量 表3-2

城市	年份（年）					
	2015		2016		2017	
	客运量（万人次）	旅客周转量（万人·km）	客运量（万人次）	旅客周转量（万人·km）	客运量（万人次）	旅客周转量（万人·km）
广州	117	55586	126	59448	135	64351
深圳	45	26115	47	28137	50	29928
珠海	15	2768	14	2590	15	2501
佛山	16	1692	16	1953	16	2105
惠州	20	1946	19	1825	19	1895
东莞	14	2113	13	2118	12	1867
中山	5	453	4	518	4	659
江门	25	2667	27	1662	26	1674
肇庆	9	403	8	378	8	380
总利	266	93744	275	98630	286	105362

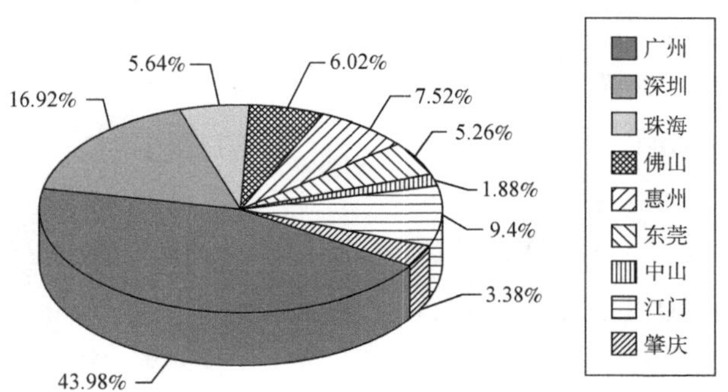

图3-2 2018年珠三角各城市日均客运量分担率

3.2 粤港澳大湾区节假日道路运输的需求特征

本节将从市内客运需求、城际客运需求以及跨境客运需求三个层面，分析粤港澳大湾区在重大节假日期间的客流规律，发掘其运输特征。

3.2.1 市内客运需求

重大节假日期间，市内客运需求会发生较为明显的变化，准确分析不同时段客流的出行规律，并以此对市内公共交通进行运力调整，有助于高效匹配出行需求，减少旅客滞留和拥堵等现象。

本节以广州、深圳、珠海、东莞、香港和澳门6个粤港澳大湾区主要城市为例，对其不同节假日期间的市内客流规律进行分析。受资料限制，以下以2018年和2019年的数据为主进行分析说明。

1）广州

（1）春节。

出行需求特性：地铁方面，2019年春运期间日均客运量749万人次，同比增长10.6%；春节期间（2月4—10日）日均客运量434万人次，节前后与节中差异明显，呈现出节前节后客流大、节中客流小的特点。公交方面，2019年春节期间，广州市公交集团旗下22家公交公司累计发班36.3万班次，累计发送旅客579万人次，城市公交累计客运量达17707万人次；2019年春节期间出租汽车客运量达1603万人次。由此可知，公共交通客运量在春节期间居高不下，广州市内公共交通客运需求加大。

游客构成：2018年春节，广州市接待游客1591.55万人次，接待省内跨市游客528.88万人次，占比33.23%；接待本市游客862.57万人次，占比54.20%；接待境外游客36.14万人次（包含港澳台地区），占比2.27%。

时空分布特性：客流主要分布在长隆旅游度假区、广州塔及周边、白云山风景区、广州动物园、越秀公园、莲花山、中山纪念堂、黄埔军校、宝墨园和白水寨等景区，以及北京路商圈、天河路商圈、上下九商圈、珠江新城商圈、白云商圈、江南商圈、环市东商圈和番禺商圈等商圈。

（2）清明节。

出行需求特性：2019年清明节假期，广州地铁总客运量达到2566万人次，日均客运量为855.3万人次，较2018年同期增长13.8%。

时空分布特性：假期前一日，返乡人数增加，内环路、中山大道西、黄埔大道西等出城主干道客运需求较大，分布时段集中在17:00—19:00；假期中，客运需求较大的路段为银河园公墓、市火葬场及中华永久墓园的周边路段，出行高峰出现在4月5日8:00—12:00；假期后期，环市东路、先烈中路、天源路、广园东路等路段客运需求较大。

（3）“五一”劳动节。

时间分布特性：假期前一日，中心城区的出行高峰出现在15:00—19:30；节中5月1日10:00—12:30及5月4日20:00—21:30有两波出行小高峰。

空间分布特性：内环路、中山大道西、黄埔大道中等市内主要干道，环市西路、广园西路、花地大道北、科韵路、华南快速干线等进出城主要通道出行需求较大；此外，白云山、广州塔等观光点及天河、北京路等商圈也出现客流集聚。

（4）国庆节。

出行需求特性：2018国庆节假期，广州地铁总客运量达到5670.9万人次，日均客运量810.1万人次；10月1日当天客运量为929万人次；9月30日总运量996万人次。

时间分布特性：假期前一日出行高峰集中在16:30—19:00；假期中，出行高峰主要集中在10:00—12:00、14:00—19:00两个时段。

空间分布特性：除内环、广州大道南、中山大道西等市内的客运需求较大外，北部的三元里大道、广园西路，南部的新光快速、科韵路，西部的东风西路、环市西路，东部的广园快速路、大观中路等与进出城通道客运需求较大。另外，与景区商圈有关的天河路、宝岗大道等客运需求较大。

2）深圳

（1）春节。

出行需求特性：由于市民提前返乡过年导致深圳地铁客运量逐渐减少。其中2019年1月28日，全网日客运量降至486万人次，春节前一周工作日客流降至83万人次，较前一周下降近15%。

时空分布特性：节前、节后会迎来出城和返程的客流高峰，而假期中会迎来出行游玩的客流高峰。客流高峰主要分布在假日期间每日10:00—17:00，客流主要分布在景区、商圈、交通枢纽和口岸等人口较为集聚的地区，相关路段运输需求较大。

（2）清明节。

时间分布特性：客流一般集中在4月5—7日7:00—17:00，特别是4月5日12:00—18:00。

空间分布特性：客流主要集中分布在墓园周围、莲花山公园—市民中心片区、东湖公园—梧桐山片区、世界之窗—华侨城—深圳湾片区及口岸周边；客流主要分布路段包括洲石路、沙河西路、坪梓路、益田路、爱国路、黄贝路、怡景路、侨城东路、白石路以及鹏兴路、仙湖路、国威路、聚宝路、莲塘路、盐梅路等。

（3）“五一”劳动节。

出行需求特性：2019年“五一”劳动节假期全市陆海空铁到发旅客量为366.64万人次，同比增长44.51%；其中，宝安区各汽车客运站累计发送3778班次，累计发送9.14万人次，日均发送量比2018年同期上升6.04%。

时空分布特性：出行高峰出现在每年4月30日晚间，5月1日10:00—12:00、5月3日10:00—18:00；5月4日为返程最高峰，车流主要集中在16:00—20:00；节日期间，市内的游客出行一般为踏青游玩为主。客流在空间上主要分布在凰山景区、西湾公园景区及沙井海上田园景区等景点。

（4）国庆节。

时间分布特性：每年10月1—4日客流较为集中的时间段为11:00—13:00；10月5—7日客流较为集中的时间段为15:00—19:00。

空间分布特性：客流主要分布路段为嘉宾路、南湖路、人民南路、沿河南路、福田路、金田路、滨河大道、福强路、洲石公路、前进二路、固戍一路、宝安大道、留仙大道和梅龙大道以及景区周围道路。

3）珠海

（1）春节。

出行需求特征：据珠海市交通运输局发布的数据显示，2019年春运期间，珠海市各类运输方式客运量达到341.5万人次，同比增长11.0%，其中春节7天假期累计客运量达135.8万人次。同时，由于港珠澳大桥的开通，公路运输量增长48.7%，增长幅度远超其他交通方式。

时空分布特性：假期中，市内客流多集中在9:30—12:00和15:00—18:00；景区和商圈的客流主要集中11:00—14:00和16:00—20:00。客流较为集中的路段为金凤路、情侣路、港湾大道等与热门景点和公园相关路段。

（2）清明节。

出行需求特性：根据珠海市智慧交通运行管理平台显示数据，2019年清明假期的4月5日、6日两天道路客运（不含城市公交、出租汽车）疏运旅客约11.28万人次。2019年清明小长假是港珠澳大桥开通后的第一个清明小长假，4月5日和6日，大桥口岸公交专线共发送684个班次，运送11085人次；接驳大桥珠海口岸的跨境穿梭巴士共发送953个班次，运送27780人次。

时空分布特性：客流主要分布在各大娱乐场所和墓园，如合罗山墓园、仙峰山永远墓园以及与这些墓园相关的有关路段；客流高峰出现在9:00—12:00。

（3）“五一”劳动节。

出行需求特性：2019年“五一”假期首日总客运量超130万人次，较2018年同期客流增长了26%；全市交通拥堵指数为1.522（全年平均拥堵指数为1.31）；日均进出珠海车流量为38万车次，同比上升6.3%，高峰日流量可达40万车次。

时空分布特性：假期前一日，客流主要分布在16:00—20:00，节中客流主要集中在10:00—12:00和21:00—23:00两个时段；客流的空间分布主要集中在情侣中路、海滨北路、横琴大桥、环岛路、横琴二桥、南湾大道和长隆大道等路段。

（4）国庆节。

空间分布特性：国庆节期间（10月1—8日），客流多分布在各大景点及景区，包括横琴长隆海洋王国、情侣路沿线风景区（日月贝、野狸岛、香炉湾、海滨公园和海滨泳场）、圆明新园和购物商圈（口岸广场、华发商都、扬名广场、富华里、诚丰广场、免税商场）。

4）东莞

（1）春节。

出行需求特性：2019年春节期间，地铁2号线总客运量为79.02万人次，同比增加34.18%，其中日均客运量为11.29万人次，增加34.24%。最高日客运量出现在大年初一，高达14.89万人次，这与广州和深圳出现最高峰的时间段存在一定的差异。

时空分布特性：2018年春节期间，居民出行高峰集中在2月9日、2月21日和2月25日；客流较为集中的路段为有环岛路、环湖路、旗峰路，莲峰北路等；较为集中的地区有万达广场（东城店）、万达广场（东莞长安店）、汇一城和广东观音山国家森林公园等地区。

（2）清明节。

时空分布特性：清明节假期中，客流高峰时段为9:00—11:00和16:00—19:00。客流集中的地段有沁园路（管委会门口到佛子凹路段）、大学路、新竹路以及环湖路等路段。

（3）“五一”劳动节。

出行需求特性：2019年“五一”小长假期间，地铁2号线日均运送旅客21.53万人次，其中“五一”当天客运量达29.43万人次，同比增长24.92%，创历史新高。5月1—4日，地铁2号线累计开行列车1212列次，运营里程4.39万列公里，日均客运量21.53万人次，较2018年同比增长5.90%。

时空分布特性：居民在假期中出行多集中在10:00—16:00。客流分布比较集中的路段为旗峰路、东城中路、莞长路、环城路、鸿福东路以及绿色路、水濂山路、虎门大道黄河商业城路段、解放路林则徐路段、海战路海战博物馆路段等大型商场周边路段。

（4）国庆节。

时空分布特性：居民出行的高峰主要集中在9月30日15:00—10月1日17:00；客流主要分布在万达广场（东城店）、万达广场（东莞长安店）、万达广场（虎门店）、广东观音山国家森林公园、松山湖景区、水濂山森林公园等商场和景区。此外，虎门大道黄河商业城路段、解放路林则徐路段及海战博物馆周边路段也出现客流拥堵。

5）香港

香港拥有发达和完备的公共交通体系，为城市高效运转打下了坚实的基础。据香港运输署官网公布的数据显示，自2014年以来，香港每年的专营巴士总客运量不断提升，并且2017—2018年间的增幅非常明显，这与外来游客的数量逐年增加有很大关系，如图3-3所示。

据香港专营巴士月统计数据可知，每年2月是巴士客运量的低峰时段，这与春节假期游客减少跨境出行有关。与内地存在较大差异的是，4月、5月、10月等重大节假日所在月份的客流量却没有明显的增加。一方面是因为香港的节假日与内地存在一定的差异，例如香港的国庆节仅放一天假；另一方面在西九龙高速铁路车站和港珠澳大桥开通以前，香港对内地广东省以外城市旅游吸引度仍有待提高。西九龙高速铁路车站和港珠澳大桥开通（2018年10月）后，香港内部的巴士客运量有一定的提升，说明交通重大工程项目的开通吸引了较多内地游客到香港旅游，致使香港市内客运量逐年增加，如图3-4所示。

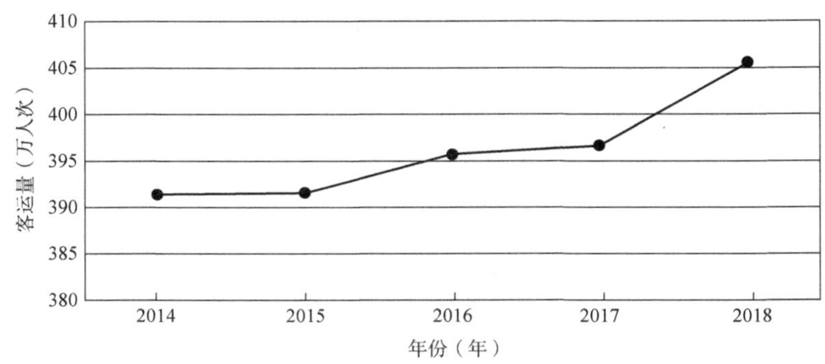

图3-3 2014—2018年香港专营巴士年均客运量

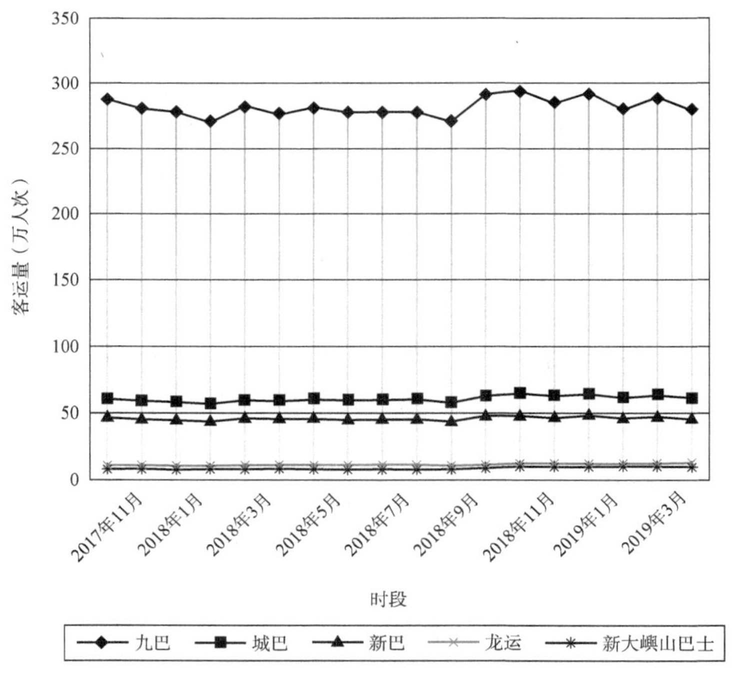

图3-4 香港专营巴士各月载客量

除巴士外，完善的轨道交通网络极大地提高了游客出行的便利度。自2014年以来，香港轨道交通客运量逐年攀升，预计未来粤港澳大湾区城际交通的更加完善和“1h城市圈”的不断成熟会进一步刺激游客到港游玩，届时轨道交通客运量将会继续攀升，如图3-5所示。

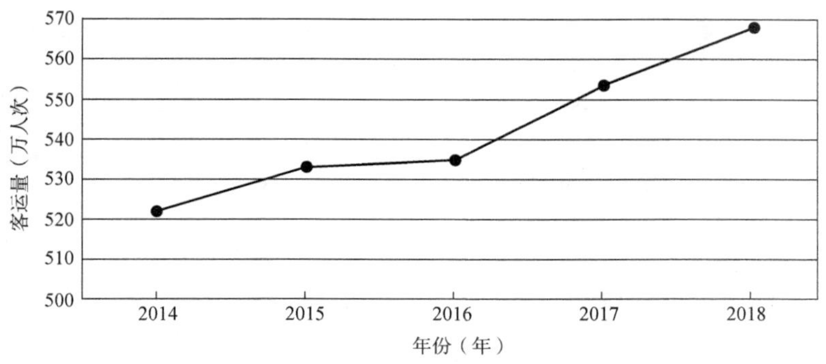

图3-5　2014—2018年香港轨道交通历年日均客运量

在轨道交通方面，地铁占主导地位，其次是轻轨、机场快线和香港电车。同时，各轨道交通制式客运量在2014—2018年呈现稳定增长之势，如图3-6所示。从月度变化来看，2017—2019年的2月，香港轨道交通客流处于低峰，而9、10月处于高峰，如图3-7所示。

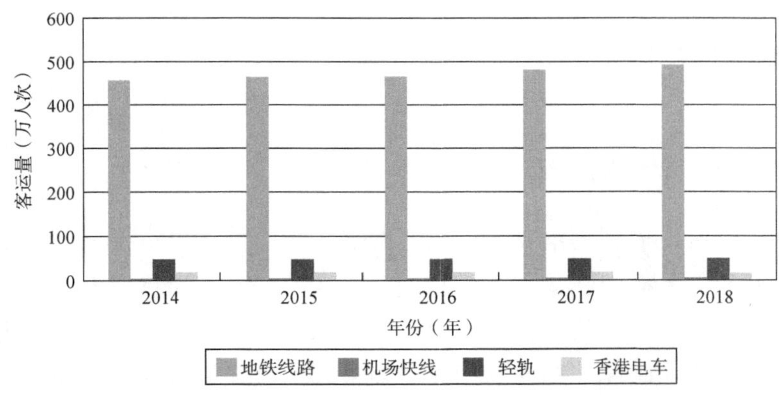

图3-6　2014—2018年香港轨道交通分制式客运量

6）澳门

澳门是世界人口密度最高的地区之一。据统计数据，截至2017年底，澳门总人口为65.31万人。其陆地面积29.7平方公里，道路面积4.1平方公里，道路总长度311公里。据《澳门旅游休闲发展报告》显示，2017—2018年，来澳门旅游的广东游客人数不断提升，但所占比例却在减少，说明来自其他省域的游客人数增速更高。随着2018年两大交通运输工程的开通，澳门旅游业对其他省域的吸引力得到了大幅提高，今后来访澳门人数将不断增加。从旅游高峰季度来看，每年三、四季度是游客来访澳门的高峰。同时，受澳门天气的周期性和重要活动的影响，来访澳门的游客数量也会呈现出明显的周期性和规律性。

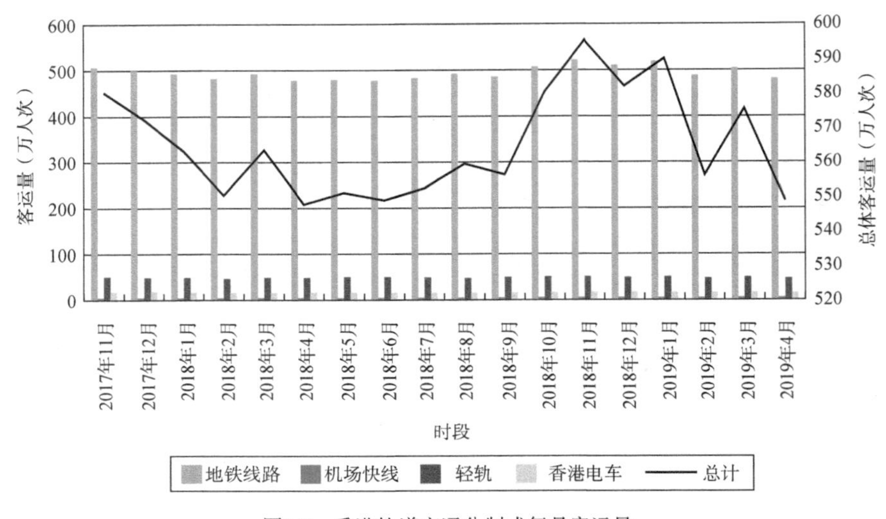

图3-7　香港轨道交通分制式每月客运量

7）小结

基于对以上6个城市的客运需求特性与时空分布特征的分析，发现不同城市在不同节假日的客流流量均存在很大差异，且客流的时空分布也存在明显的地域差异。因此，各级交通运输管理部门有必要针对不同重大节假日本市居民出行的特点制定运输组织策略。

3.2.2　城际客运需求

《粤港澳大湾区发展规划纲要》提出，把握大湾区城际出行特征，将是新一轮湾区规划建设工作开展的基础。在重大节假日期间，大湾区旅客出行主要以城际出行为主，如果不掌握城际客运规律，将难以提出合理的组织方案来减少城际出行阻力。城际客运班线、铁路及轮渡是城际相互连接的重要交通模式，城际客流的出行规律将有助于城际各交通方式的运力调整，高效匹配出行需求，帮助旅客安全舒适出行。

本书通过问卷的形式对重大节假日期间出行者城际出行起讫点进行了调查。调查结果显示，在重大节假日期间，从广州和深圳出发的旅客人数要远多于其他城市。出行目的地主要包括广州、深圳、香港以及珠海。客流主要呈现出以广州、深圳为起点向大湾区内部各市发散的规律，其中以深圳和广州为起点的出行分别占据64.46%和21.75%。由此可知，重大节假日大湾区居民出行需求有较强的地域相关性，具体如图3-8所示。

从粤港澳大湾区重点城市客运移动规律来看，深圳和广州等重点城市在重大节假日期间出城人数和返程人数会呈现一定的单向性，但是从整个时间段来看，出城和返程的人数基本上处于均衡的状态。

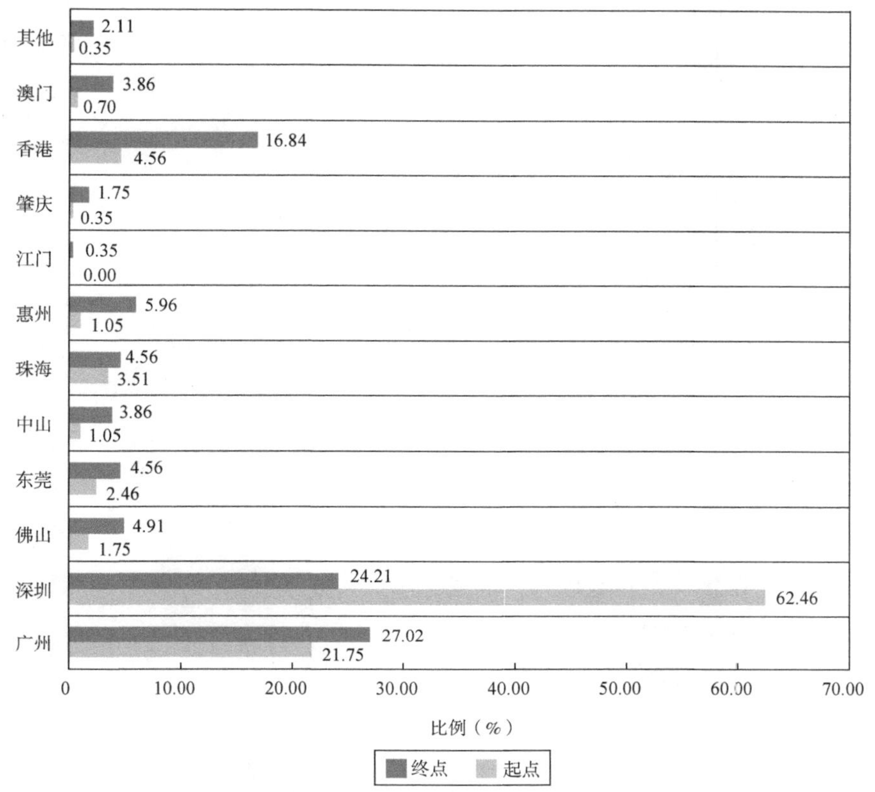

图3-8　重大节假日期间大湾区城际出行起讫点选择比例

特别地，以春运为例，节前返乡热点出行线路主要以特大城市为中心向周边扩散，节后回程主要由中小城市向中心城市聚集。图3-9所示为2019年春运期间粤港澳大湾区广东省9市人口数量波动情况，图3-10所示为2019年春运期间粤港澳大湾区广东省9市人口数量净流入流出情况（其中负值表示人口净流出，正值表示人口净流入）。

春运期间，粤港澳大湾区广东省9市的总人口呈现先减少后增加的趋势。具体来讲，首先春运开始第一天至节假日中为递减区间，节假日中到春运最后一天为递增区间。其次，2019年1月28日—2月14日共计18天粤港澳大湾区广东省9市的人口数量都小于其常住人口数量，表明这段时间人口净流出较为严重。人口最少的一天（2月7日）的人口数量仅为常住人口数量的一半左右，表明粤港澳大湾区广东省9市的外来人口较多，春节假期大多返乡过年。以上数据也说明春节期间粤港澳大湾区人口流入流出量巨大，极大地增加了该区域的客运需求强度和交通压力。

同时，数据显示，春节前夕从深圳出发的旅客数量要远多于来深圳的旅客数量。相反地，春节后，抵达深圳的旅客数量要多于离开深圳的旅客数量。但从长期来看，进出深圳的人数基本上处于均衡状态。这一现状符合以外来人口为主导的城市在重大节假日的客流移动规律。

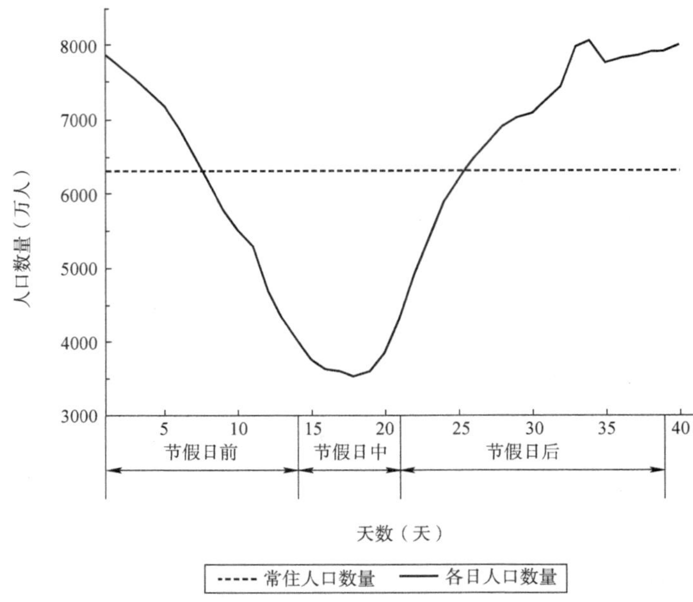

图3-9　2019年春运期间粤港澳大湾区广东省9市人口数量波动情况

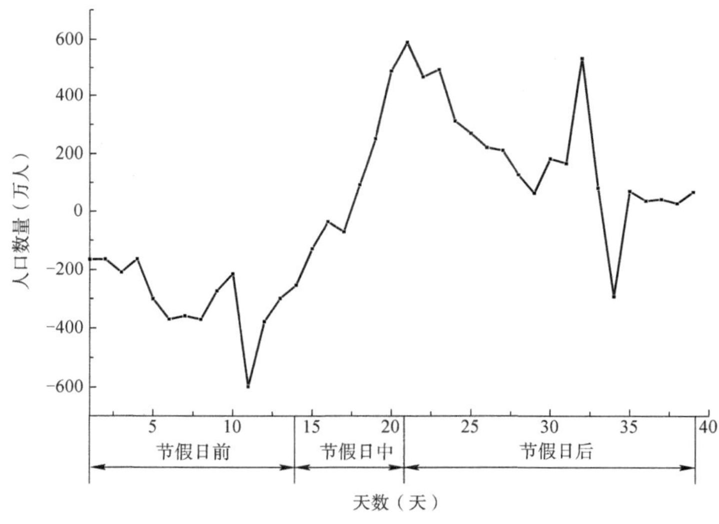

图3-10　2019年春运期间粤港澳大湾区广东省9市人口数量净流入流出情况

相比春节假期，清明节假期时间较短，出行者的出行目的多为扫墓祭祀及休闲旅游且出行需求较为集中，致使清明节假期出行强度较大。由于粤港澳大湾区的常住人口持续性增加且经济持续高速发展，使得大湾区清明节期间的总体客运需求也将持续增加。假期首、末日的总体客运需求较大，为整个假期的波峰，假期次日的出行强度略小，此后交通量迅速回落，假期前后存在不同强度的客流余波。粤港澳大湾区清明期间的客流需求主要表现为粤东和粤西两翼地区的客运需求量巨大，粤北方向的客运需求相对较小。

特别地，2019年清明节假期车流主要集中在粤港澳往返粤东、粤西方向，以广州、深圳、东莞、佛山等市为中心向周边地市辐射。节假日期间的高速公路客流比以往更加密集，2019年清明期间高速公路车流量较上一年同期增长约5%，共约1900万车次，日高峰车流约650万车次，呈现出“首日出行、尾日返程，上午出城、下午返城”的特点。2019年清明期间的出行高峰在4月4日19:00—5日2:00，返程高峰在4月6日15:00—21:00、4月7日15:00—18:00，客流多集中在著名旅游景点和墓园，如银河墓园、中华永久墓园、祥和墓园、思亲园以及凤凰山森林公园、广州塔、松山湖景区、惠州巽寮湾等。

“五一”劳动节假期与清明节假期的放假时长较为相近，“五一”劳动节假期粤港澳大湾区的总体客运需求与清明节假期较为类似，但其出行目的以休闲旅行及探亲访友为主。近年来，粤港澳大湾区“五一”劳动节假期客运需求总体在持续性增加，假期首尾日的总体客运需求较大，假期次日的出行强度略小，假期前后存在不同强度的客流余波。

以2019年“五一”劳动节假期（2019年5月1—4日）为例，其出行高峰集中在4月30日（节前一日）13:00—21:00和5月1日（假期首日）10:00—12:00，返程高峰集中在5月4日16:00—20:00，其客流主要分布在深圳东部（大梅沙、大鹏片区）、惠州（巽寮湾、平海港口沿海）等地区。

国庆假期较为特殊，其影响时长较春节假期短，较清明节及劳动节假期长，出行目的多以休闲旅行及探亲访友为主，总体客运需求也保持在较高水平。近年来，大湾区国庆节期间的总体客运需求持续增加，并呈现出明显的时空分布特征。时间分布规律表现为9月30日午后—10月2日出城客流较为集中，其中10月1日达到客流高峰；10月3—4日流量趋于平缓；10月5—7日出现返程客流集中情况，其中10月6日达到返程高峰。同时，在空间分布方面，客运需求集中在以广州、深圳为代表的珠三角区域，以珠三角为中心，向粤西、粤东及粤北地区发散，主要集中路段有广州、深圳，粤北、粤东、粤西城际通道以及通往广西、湖南、江西、福建方向的出省通道。以2018年为例，粤港澳大湾区国庆节前出行高峰从9月30日下午开始，各地市出城及出省方向车流密集。在10月5—7日，通往广州、深圳、珠海、中山、东莞等城市的主要城市路段会出现返程高峰。

综上，从大湾区广东省9市城际客运的移动规律来看，重大节假日期间广东省省内客流流向以粤西和粤东方向为主，粤北方向客流相对较少，而省外的客流方向主要以湖南、广西及江西为主。大湾区广东省9市的客运需求主要集中在广州、深圳、佛山及东莞等核心城市。就大湾区内部来说，客运需求主要集中在广州—深圳、广州—佛山、广州—东莞、深圳—东莞及深圳—惠州。

3.2.3 跨境客运需求

下面结合香港、澳门相关部门及内地交通大数据平台公布的数据，对香港、澳门与粤港澳大湾区广东省9市的跨境客运需求进行分析。

1）香港跨境客运需求

根据香港旅游发展局发布的数据，2015—2017年，每年到港旅客人数基本维持在5000万~6000万人次之间，且不在港过夜人数在此期间逐渐减少，但该数据在2018年大幅上升。据香港特区政府入境事务公布的数据显示，2018年香港总出入境约3.14亿人次，同比上升5%，创历史新高。同时，访港旅客数量相较前几年有大幅增长，2018年访港旅客入境约6514万人次，其中内地访港旅客入境5080万人次，较2017年增加15%，如图3-11所示。

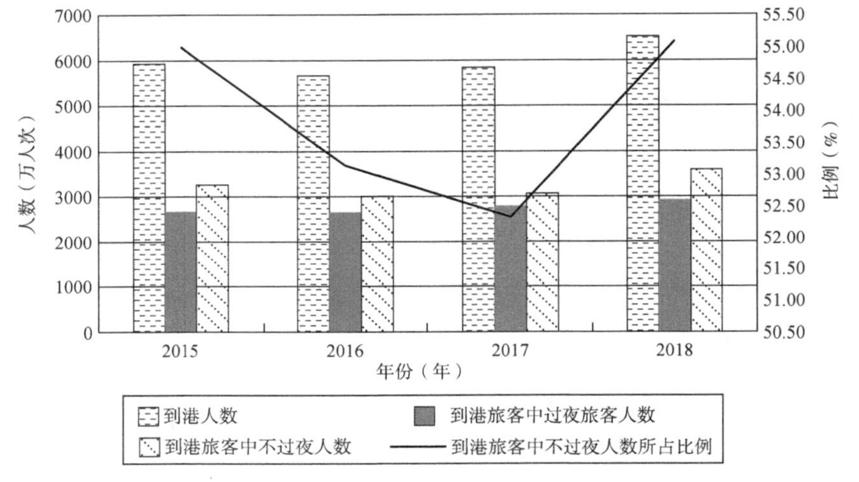

图3-11　2015—2018年到港旅客人数及描述性统计

2015—2016年，到港旅客中不过夜人数比例减少，2017年与2016年基本持平，而2018年则立刻回升到55%并且超过了2015年的比例。同时，根据香港运输署的记录数据显示，2014—2018年，到港和离港的人数每年均有小幅增长，但是到2018年其增速陡增，完全超越之前的增长趋势（图3-12）。出现这一情形的主要原因是西九龙高速铁路车站和港珠澳大桥口岸的开通，大大缩短了广东省与香港的空间距离，且由于广深高速铁路与内地2.5万公里的高速铁路网进行了融合，吸引了大量外来旅客到香港游玩或者购物，降低了内地居民到港的时间成本，加大了香港地区的空间溢出效应，使得香港地区的吸引力大大增加，访港旅客数量大幅上升。

图3-13所示为2017—2019年各代表性月份到港和离港的人数变化情况及相关趋势。从每月的到港和离港数据来看，2017年11月—2018年9月到港和离港的人数基本维持在1400万人次以内，但从2018年10月开始，到港、离港旅客数量快速增加，提升到1500万

人次以上。除此之外，从图中明显可看出每年2月春节进出香港的人数达到波谷，但是相较于往年，依然是处于较高状态。所以从趋势线来看，未来到港和离港的人数将不断增加。

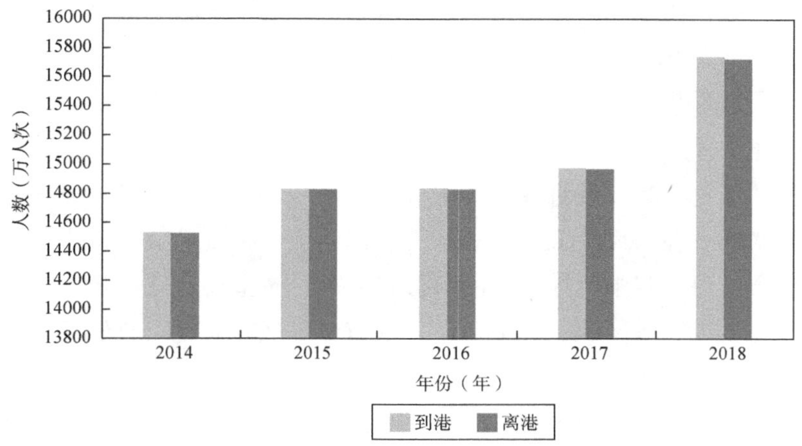

图3-12 2014—2018年到港及离港人数

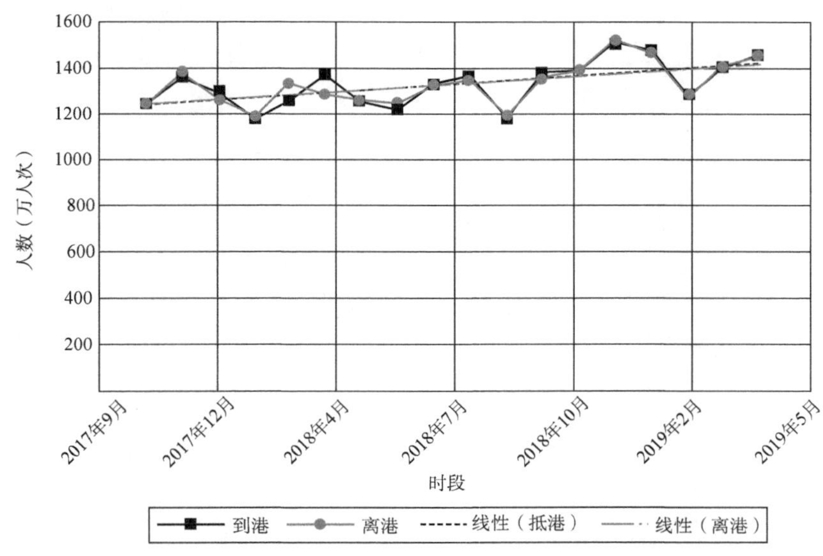

图3-13 2017—2019年各代表性月份到港及离港人数

根据香港特区政府统计的数据显示，2019年“五一”小长假四天到达香港的内地旅客量共计99.77万人次，其中前三天超过84万人次，较2018年“五一”三天假期的60万人次增长约四成。同时，假期时间的延长导致旅客的返程时间也发生了相应改变，以往“五一”第三天会出现返程的高峰，但是2019年由于时间的延长，第三天依然有大量游客到达香港。

从出入境口岸来看，进出香港的出入境管制站主要包括香港国际机场、罗湖管制站、红磡管制站、落马洲管制站、落马洲支线管制站、文锦渡管制站、沙头角管制站、中国客运码头、港澳客轮码头、屯门客运码头、深圳湾、启德邮轮码头、西九龙高速铁路车站以及港珠澳大桥。其中，罗湖管制站是最大的陆路边境管制站，排队时间较长，落马洲管制站次之，而文锦渡管制站、红磡管制站、港澳客轮码头等地则入境排队时间较短。下面重点介绍2018年新开通的西九龙高速铁路车站和港珠澳大桥。

图3-14所示为西九龙高速铁路车站每月到港和离港人数的统计结果。从总体来看，通过广深港高速铁路进出香港的旅客数量在稳步上升，且2019年以来维持在较为稳定的水平。但是在一些重要的节假日或者周末假期会出现一些较为明显的波动，例如春节期间，客运量会略微下降，而“五一”劳动节、清明节等传统节假日，出行需求则会存在一定程度的上升。除了我国内地传统的节假日之外，香港还有一些特有的节假日，例如香港回归日、复活节、圣诞节、佛诞等。这些节日虽然在内地没有假期，但对于香港市民来说也是非常难得的出行机会，会有不少市民选择来内地旅游，所以需要提前进行妥善部署。其中，2019年复活节最后一天，不少来内地旅游的香港市民会选择搭乘高速铁路列车回港，导致回港的客运需求陡升，如果不加以合理地组织将难以避免地出现混乱和旅客滞留。据统计，在复活节假期，大约有610万人次进出香港，其中约有79%经过陆路边境管制站出入境。因此，针对香港特有的假期，需要重点考虑香港市民的出行需求规律，做到提前预测、合理部署。

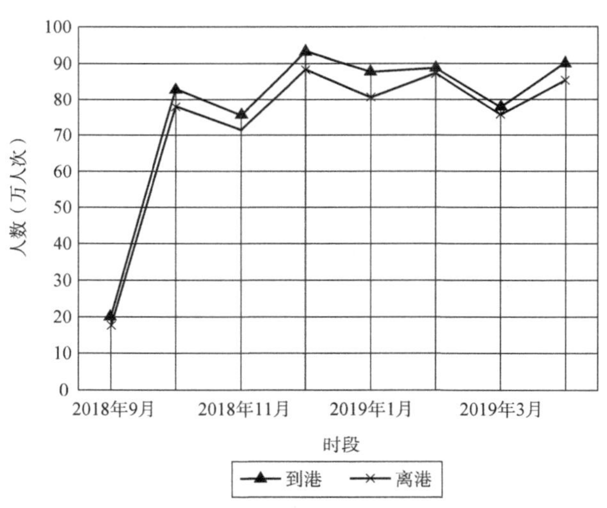

图3-14 西九龙高速铁路车站每月到港及离港人数

图3-15所示为通过港珠澳大桥到港和离港的人数统计。从总体来看，通过港珠澳大桥进出香港的人数要多于西九龙高速铁路车站，此外，通过西九龙高速铁路车站到港的人数要多于离港的人数，而通过港珠澳大桥离港的人数要多于到港的人数。这主要是由于香港具有便利的综合枢纽，到澳门游玩的旅客往往会先到香港中转，然后再到达澳门。

多数游客往往选择乘坐高速铁路列车进入香港，使得西九龙高速铁路车站出现到港人数大于离港人数的情况。

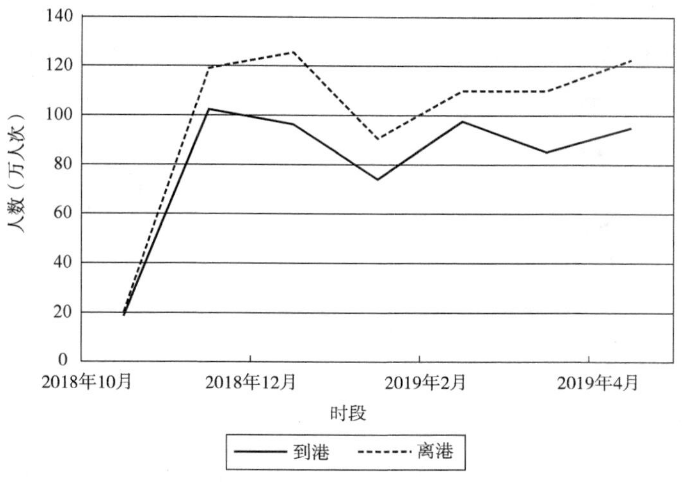

图3-15 通过港珠澳大桥到港及离港人数

对于罗湖管制站、落马洲支线管制站、落马洲管制站等6个重点管制站，其从2014—2018年每年进出香港的人数变化情况如图3-16所示。在五年中，通过罗湖管制站进出香港的人数均多于其他站点，在8000万~9000万人次之间。通过落马洲支线管制站、深圳湾管制站与落马洲管制站进出香港的人数依次递减。此外，通过文锦渡管制站和沙头角管制站进出香港的人数远少于其他站点，每年均不到1000万人次。从每年的进出口人数变化来看，罗湖管制站先减后增，2016年的人数最少；落马洲支线管制站先增后减，2016年的人数最多；深圳湾管制站逐年递增；而落马洲管制站、文锦渡管制站和沙头角管制站每年的人数基本持平。

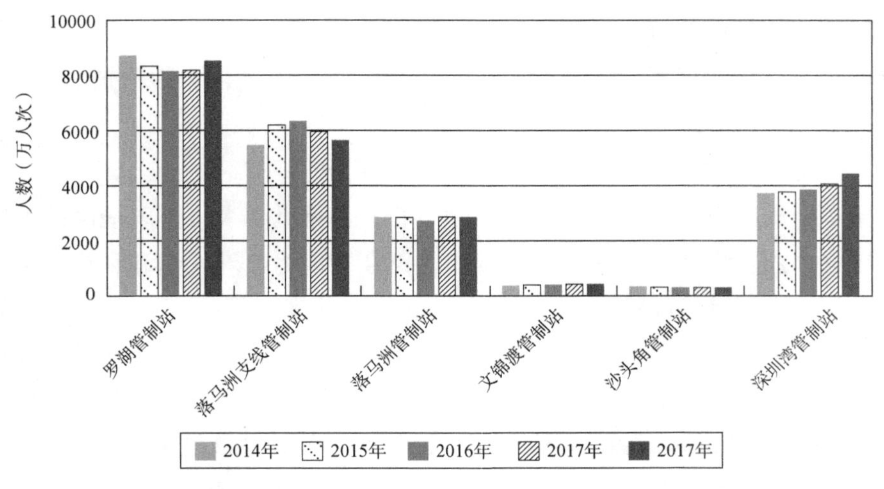

图3-16 2014—2018年各重点管制站每年进出香港人数

图3-17所示为2017年11月—2019年4月罗湖管制站、落马洲支线管制站、落马洲管制站等6个重点管制站不同月份进出香港人数情况。总体上看，通过罗湖管制站进出香港的人数每年均最多，落马洲支线管制站、深圳湾管制站与落马洲管制站人数递减，文锦渡管制站与沙头角管制站人数远少于其他站点。从变化上看，2018年2月与2019年3月均明显呈现出进出人数下降的特征。

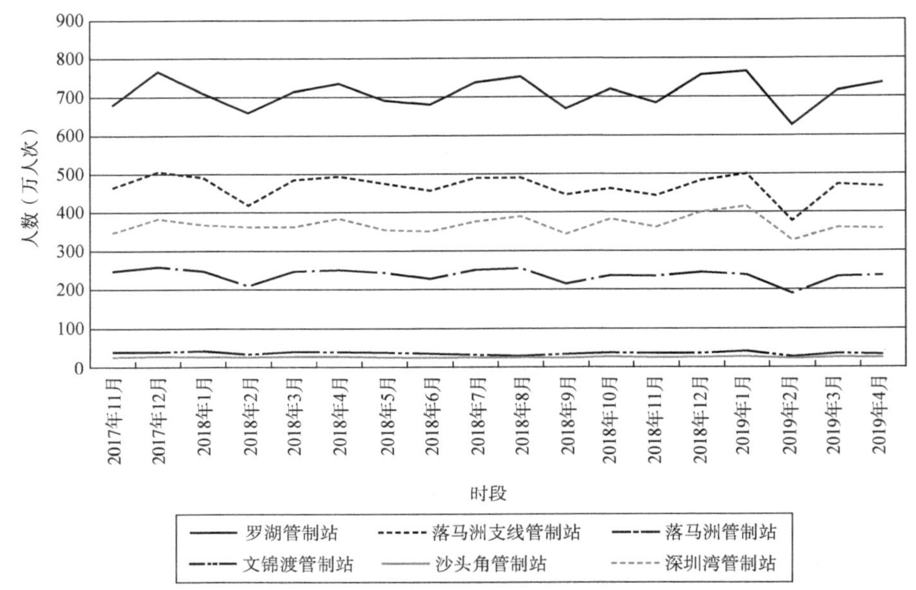

图3-17　2017年11月—2019年4月各重点管制站各月进出香港人数

香港的港澳码头是香港目前主要的码头口岸，位于香港岛上环信德中心，主要提供往来香港和澳门的高速客轮服务。根据香港运输署所显示的港澳往来相关数据可知，香港离港客运量要大于到港的客运量，且2018年10月之后客运量有明显下降。港珠澳大桥的修建，不断为港澳码头分流，导致通过港澳码头进出香港的人数也在不断下降，且到港和离港的人数基本实现均衡。随着西九龙高速铁路车站、港珠澳大桥等重大工程项目的建成和开通，水上客运需求逐渐呈下滑趋势（图3-18）。

2）澳门跨境客运需求

澳门是一个国际自由港和世界旅游休闲中心，也是世界人口密度最高的地区之一。澳门的轻工业、旅游产业和娱乐场所使其长盛不衰，成为全球发达和富裕的地区之一。作为旅游休闲胜地，澳门每年都会吸引大量的旅客前来度假，其中来自广东的游客最多，来自香港和台湾的游客其次。据澳门统计暨普查局资料显示，2019年5月香港和台湾的到澳旅客人数分别上涨20.1%和4.4%，而大湾区广东省9市的入境旅客人数同比增加45.8%，其中珠海市和广州市的增幅最为明显，分别为64.9%和39.8%。

澳门特别行政区政府公开数据显示，2016年至今，澳门逐年入境人数的增长速度较缓。其中2016年全年基本上维持在每月250万人次，2017年提升到了每月280万人次。但是2018年10月以后，港珠澳大桥的开通打破了原先的交通瓶颈，入境人数有了明显的提高，2019年至今基本维持在每月350万人次，如图3-19所示。

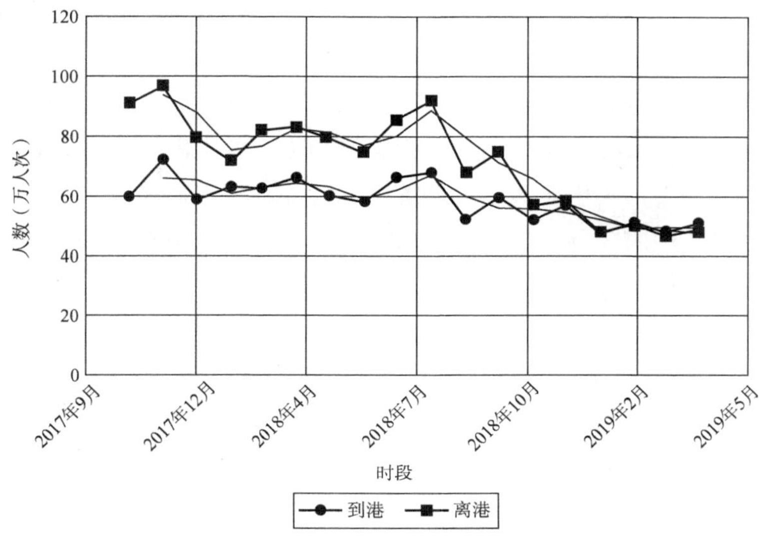

图3-18　2017年9月—2019年5月通过港澳码头进出香港人数

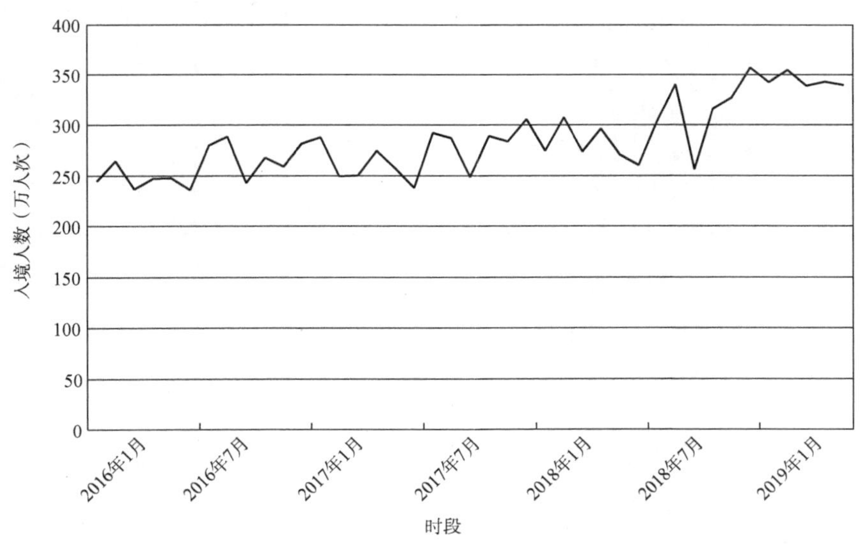

图3-19　2016—2019年不同月份入境澳门的总人数

受气候及重要节假日的影响，澳门每年旅游入境的高峰分别发生在7—8月和11—12月，然而，部分传统的重大节假日所在月份的入境人数却没有明显客流高峰。例如“五一”劳动节和国庆节等重大节假日所在月份，澳门的入境人数并没有表现出与其他月份过大的差异。随着港珠澳大桥的开通，广东省内外的到澳旅客均快速增长，且交通设施带来的便利性使得游客无须在澳门过夜，可以当天往返。据澳门统计暨普查局资料显示，2019年5月入境旅客人数上升25.6%，其中不在澳门过夜的旅客数更是大幅上升43.3%，旅客的平均逗留时间按年减少0.1~1.2日。

旅客可以通过海、陆、空三种方式入境澳门。在港珠澳大桥建成以前，旅客主要通过陆路入境澳门，其次选择海运，而航空运输的入境比例相对较低，但三者占比差异较小。自2018年10月至今，通过陆路入境的旅客人数快速增长，同比增长比例最高达到60%。通过海运方式入境的人数则呈现出相反的趋势，各大港口入境人数急速下降，可见港珠澳大桥的建成不仅吸引了大量的旅客，同时还为港口码头起到了分流作用，减缓了各大码头的压力。同时，陆路运输的增长速率还受到重大节假日的影响，如春节期间陆路运输的旅客增长速率就会有所波动，但之后又恢复到一个相对稳定的状态，如图3-20所示。

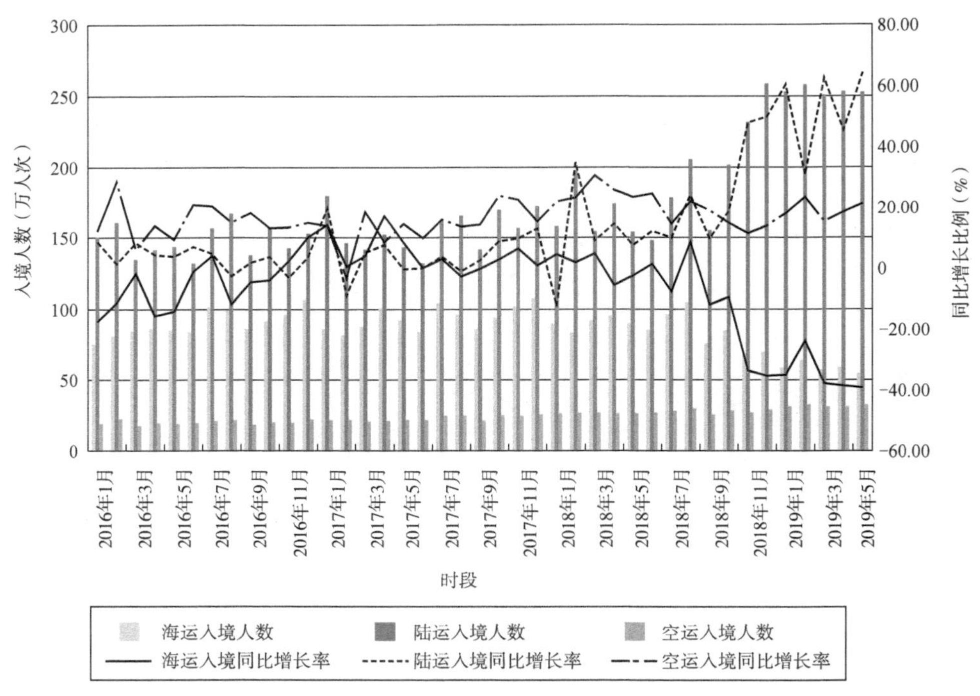

图3-20 2016—2019年通过各种交通方式入境澳门人数

香港、澳门均处于陆路交通网络末梢，港澳两地之间的往来主要依赖于海上运输。澳门有3个码头，分别为外港码头（港澳码头）、内港码头以及北岸码头。其中，可以来往港澳之间的是外港码头和北岸码头，内港码头来往于珠海和澳门之间，有到珠海湾仔、江门和深圳蛇口的航班。港澳码头每年可承载1500万人次的客运量。除了澳门航线外，港澳码头也提供中山、珠海、深圳蛇口、广州南沙等地的航线服务。

港珠澳大桥开通前，广东省以北地区的旅客进出澳门主要通过航空直飞澳门机场，但是澳门机场航班所覆盖的城市数量和接待能力有限，一般需要先到香港国际机场进行中转，再从港澳码头出发去澳门，这样就导致了香港的港澳码头离港人数要多于到港人数。随着港珠澳大桥的建成，选择该出行方式的旅客会大大减少，到港和离港将基本人数持平。

3）港珠澳大桥客运需求

港珠澳大桥的开通进一步刺激了跨境出行需求。截至2018年11月20日24:00，港珠澳大桥客运量共约179万人次，平均每日约6.4万人次，最高约10.3万人次。大桥通行车辆以客车为主，客车占比97.58%，货车占比2.42%。其中，穿梭巴士和小客车占比较大，分别达44.97%和30.54%。周末高峰特征明显，单日最高峰为2018年11月18日（周日）。每日通行高峰主要集中在10:00—12:00和17:00—19:00。港珠澳大桥与广深港高速铁路形成合力，缩短了大湾区内城市群的空间距离和时间距离，促成了“1小时旅游圈”的形成，实现了粤、港、澳三地旅游资源的互动互补。

据旅客数据显示，港珠澳大桥自开通以来，港澳游数据同比上升高达60%，其中以香港西部地区为主的单点深度旅游产品增幅最为显著，达到850%。来自南湖国旅的数据显示，大桥通车一个月以来，包括涵盖港珠澳大桥的旅游线路游客已经超过9000人次，人数较大桥通车前一个月增长5倍。特别是每逢周末，出发人数均超过700人次/日，最高峰时更是突破1000人次/日。2018年10月24日—11月23日，港珠澳大桥澳门口岸港澳旅检大厅外港以及氹仔客运码头的出入境旅客总量与2017年同期外港和氹仔客运码头的出入境旅客总量相比上升了12.6%。然而外港客运码头和氹仔客运码头出入境旅客总量与2017年同期相比，则分别减少了20.7%和19.9%。

港珠澳大桥的开通，把粤港澳大湾区的东西两端切实连接起来，不仅形成了珠三角陆路交通的大闭合，也刺激了粤西地区庞大的旅游需求。据岭南控股广之旅数据显示，广东省内游客中，来自佛山、珠海、中山、江门、阳江、肇庆等珠江西岸及粤西地区城市的旅客比例在月内大幅上升，升幅高达2500%。港珠澳大桥的开通使得居民无须陆路绕行或水路赴港，最大化地激活了珠江西岸及粤西地区居民的赴港热情。

据广东省春运大数据平台的数据显示，2019年1—5月，港珠澳大桥每日的客流量基本上维持在5万人次左右，且在重大节假日期间会产生较大波动。例如，2019年2月4日（除夕）出行客流出现一个波谷，而春节前几天，会出现一个出行小高峰，春节后会出现较大出行高峰，这个高峰在元宵节前后，和春节后上班时间相吻合，说明港珠澳大桥春节期间前后的客运需求高峰状态存在较大差异，节前低节后高。

同时，港珠澳大桥每逢周末均会出现规律性的客流高峰，客流量会增加到6万人次/日。部分周末客流高峰与节假日的需求量达到相同水平，例如2019年3月3日（周末），客流量超过了11万人次，与重大节假日客流水平相当。

港珠澳大桥每周内客流呈现周期性变化态势。每周末高峰过后，周一就会产生明显的下降趋势，周一到周四只有微小的波动，基本上维持在相对稳定的水平，到周五继续回升，这样一周的客运需求基本上呈现出一个稳定的周期变化，具体如图3-21所示。

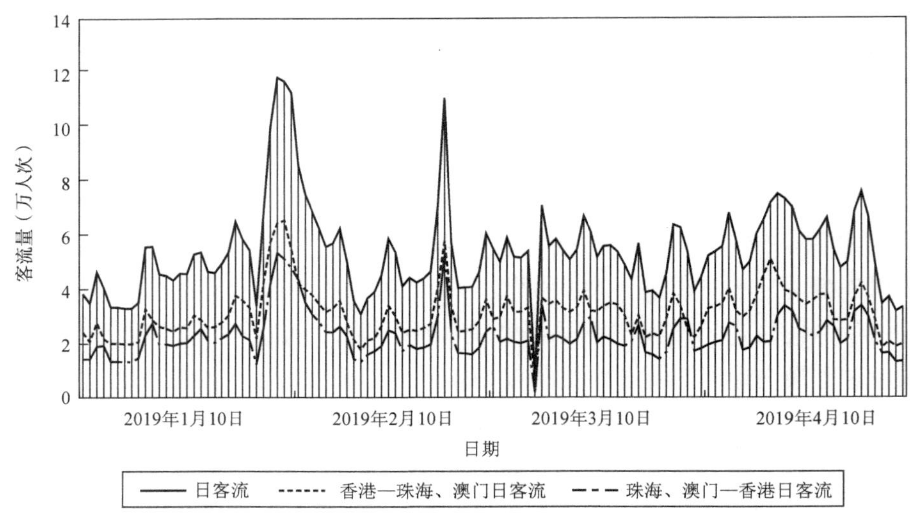

图3-21　港珠澳大桥客流趋势

港珠澳大桥上来往于香港和珠海澳门两个方向的客运需求同样也存在差异。从总体上看，两个方向的客流量大体相当，但是从香港出发到澳门、珠海的客流量却要多于从澳门、珠海到香港的客流量，说明客流在一定的时间段内是单向的。从整个时间段看，流入和流出的需求量相对均衡，当然也会存在类似于图3-21所示的偏差，表现出旅客旅游方向的倾向性。

自港珠澳大桥开通以来，能够在大桥上通行的车辆包括跨境私家车、跨境旅游巴士、跨境穿梭巴士及跨境货车（含货柜车）等。图3-22所示为自港珠澳大桥通车以来每月各种类型车辆的通过数。总体来看，跨境私家车增速最快，其也是通过港珠澳大桥进出香港的主要交通方式。除此之外，跨境穿梭巴士在进出香港的公共交通方式中占比较大。从时间变化的视角来看，2019年1月出现了一个较为明显的“停滞”或下降，2月之后开始缓慢上升。

下面分别分析跨境私家车、跨境旅游巴士、跨境穿梭巴士以及跨境货车（含货柜车）通过港珠澳大桥进出香港的数量变化情况。

自从港珠澳大桥开通以来，从跨境私家车的通行流量来看，每个月都呈现出稳步上升的趋势，并且通过港珠澳大桥进出香港的跨境私家车数量基本相等。其中，2019年1月跨境私家车流量较低，2019年2月逐渐回升，如图3-23所示。

跨境旅游巴士方面，港珠澳大桥开通后的首两个月，进出香港的跨境旅游巴士达到最高峰。但自2019年1月以来，跨境旅游巴士的数量下降，并且基本维持在稳定的水平，这与跨境私家车数量的变化趋势存在明显差异，如图3-24所示。跨境私家车和跨境旅游巴士会出现相反趋势，主要是因为往来香港与内地的跨境交通基建设施日趋完善，以“个人游”方式访港的内地旅客会越来越多，人们更加愿意自己驾车访港访澳，这也说明基础设施的建设将会极大地改变人们的出行行为。

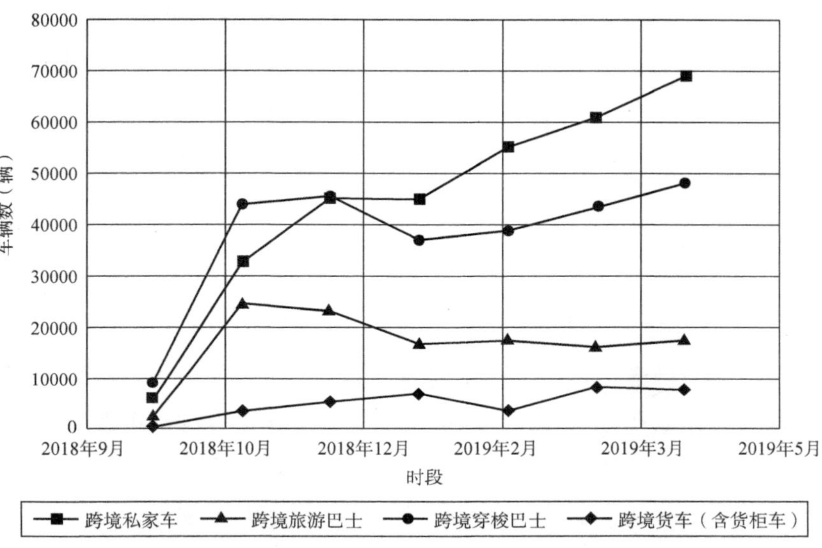

图3-22 港珠澳大桥各类车辆通行量

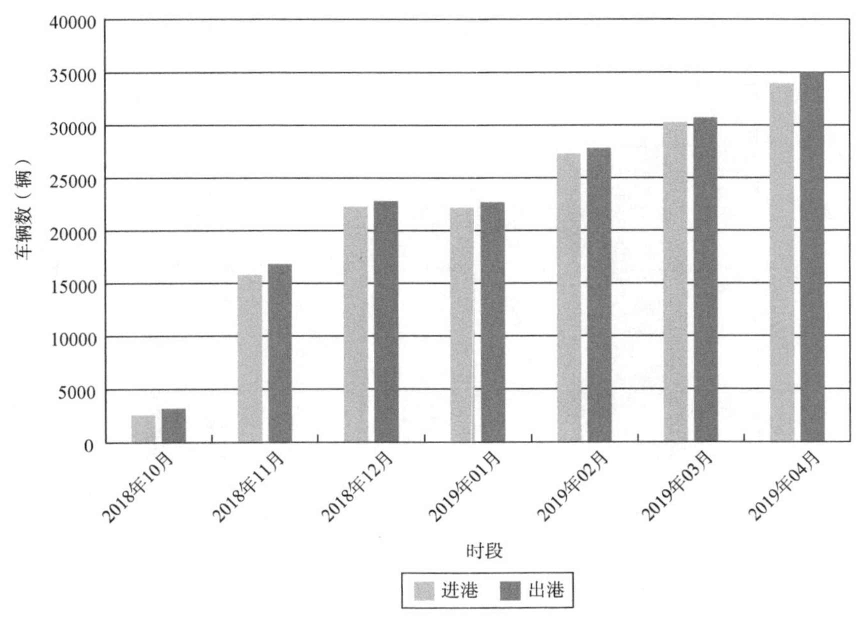

图3-23 通过港珠澳大桥进出香港的跨境私家车数量

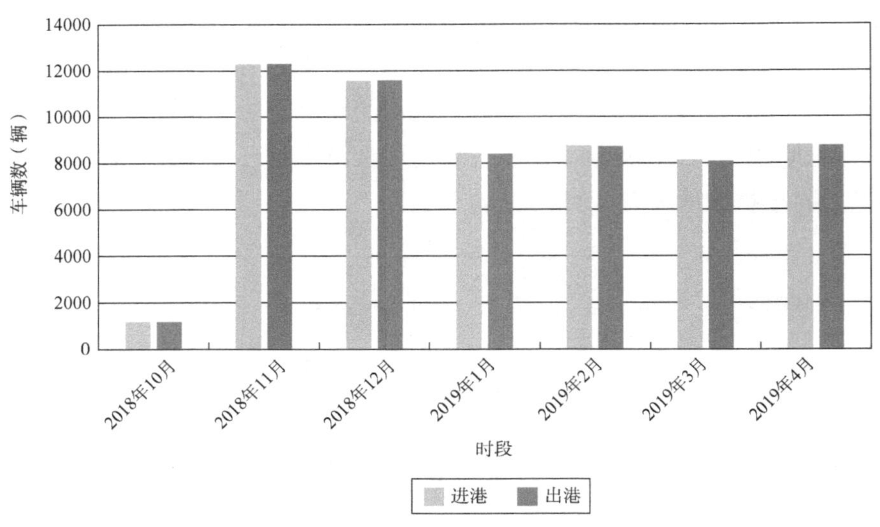

图3-24 通过港珠澳大桥进出香港的跨境旅游巴士数量

跨境穿梭巴士是目前港澳口岸之间主要的公共交通工具，分为港珠线和港澳线两条。因为其便利的购票方式以及全天候24小时的运输服务，让更多的出行者能够当天往返于香港、澳门和珠海。对跨境公共交通进行对比分析发现，跨境穿梭巴士基本上处于稳定的状态，既没有跨境私家车的稳步上升，也没有跨境旅游巴士的下降。这可能是由公司固定的运营车辆数所决定的，如图3-25所示。此外，春节前后，跨境穿梭巴士的需求量相较其他月份都有明显的下降，并没有呈现出“两头高”的情况，这和广东省9市在春节前后的需求有明显不同。这也是重大节假日期间，跨境交通与广东省9市市际交通的区别之一。

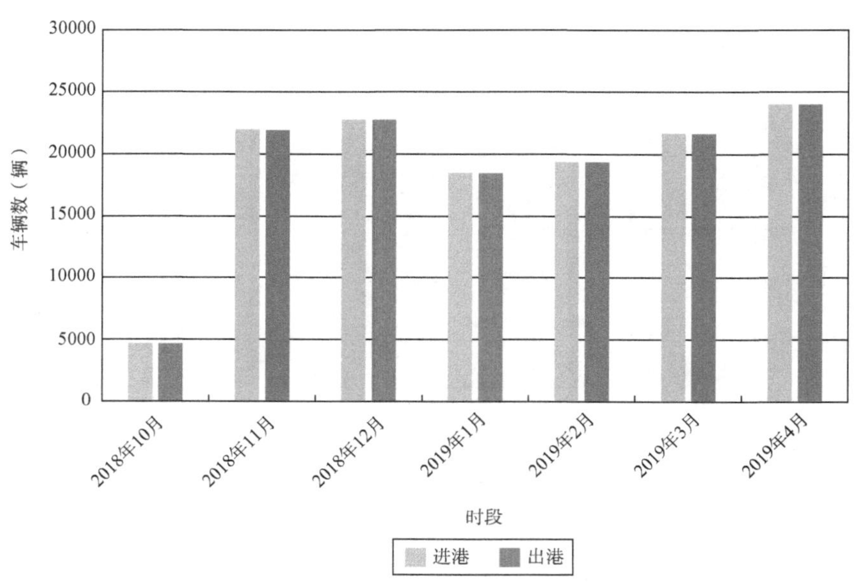

图3-25 通过港珠澳大桥进出跨境香港的跨境穿梭巴士数量

货运方面，货车的数量在稳步增加，主要是因为港珠澳大桥的开通大大缩短了原先路线的出行距离和时长，这无论对车辆驾驶者还是运营商来说都极具吸引力。但是与跨境私家车、跨境穿梭巴士等不同的是，通过港珠澳大桥关卡进出香港的跨境货车数量变化并非一致，出香港的跨境货车数量要大于进港的跨境货车数量。此外，跨境货车数量并不是在2019年1月降到最低点，春节前还处于工作状态。春节假期（2019年2月），跨境货车数量会呈现断崖式的下降，而在2019年 3月后恢复到正常状态，如图3-26所示。

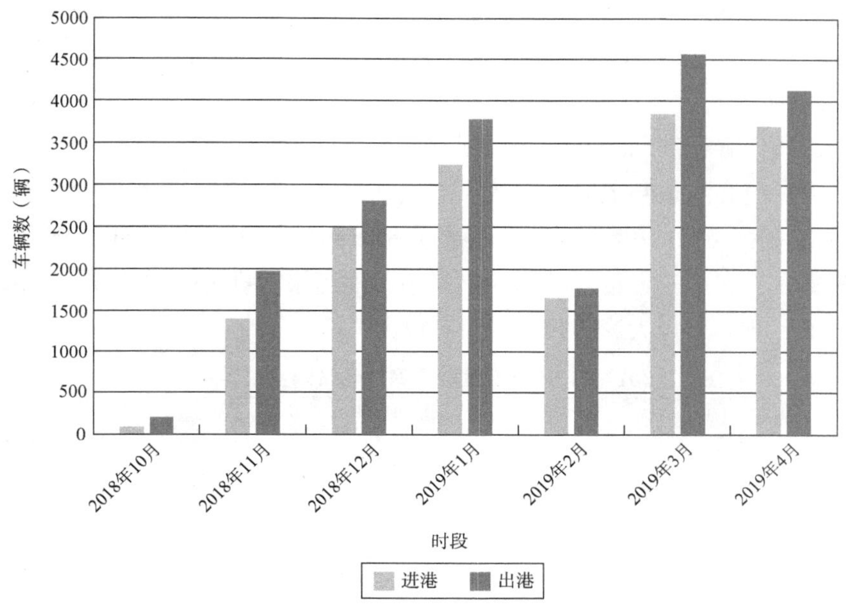

图3-26　通过港珠澳大桥进出香港的跨境货车数量

3.3　粤港澳大湾区节假日交通运行特性

本节将以春节假期、清明节假期、“五一”劳动节假期、国庆节假期4个重点时段为例，分别对粤港澳大湾区重大节假日期间的交通运行状态进行分析，挖掘重大节假日期间粤港澳大湾区各大交通枢纽、主干路网的客流布局与载荷状态。

3.3.1　春节假期

广东省地区生产总值的不断上升，为就业者提供了大量的就业机会，吸引了大批人口不断涌入。春节期间，务工人员返乡使得广东省春运旅客发送量也迎来高峰。从空间分布来看，春运返乡与回程客流高峰具有较强的潮汐性特点。春节前，主要以特大城市为中心向周边扩散，节后主要由中小城市向中心城市聚集。春运期间，粤港澳大湾区广东省9市总人口呈现先减后增的趋势，具体表现为春运第一天至正月初三为递减区间，正月初四到春运最后一天为递增区间。粤港澳大湾区广东省9市的外来人口较多，春节假期大多返乡过年，产生了巨大的客运需求。同时，春节期间的回程高峰也加大了大湾区的交通运行压力。例如在返乡高峰期间，大湾区日均人口净流出量为242万人；回程高峰期间，日均人口净流入量为202万人。因此，春节期间粤港澳大湾区广东省9市总体上呈现出出行量大、客运需求大、交通压力大的特点，其中返乡客运需求强度大于回程期间的客运需求强度。下面选取大湾区重要交通枢纽和重点线路，量化其客运需求特性和交通运行状态，解析大湾区在春运期间的交通压力。

1）交通枢纽

2017—2019年春运期间，深圳北站到发旅客量见表3-3及图3-27。一方面，深圳北站春运期间的到发旅客量逐年上升，客运需求更加迫切。2017和2018年，到发旅客量的增长率均在15%左右，到2019年，到发旅客量分别以19%和17.5%的速度增长。另一方面，发送旅客量要多于到达旅客量。以2019年为例，发送旅客量为617.7万人次而到达旅客量为571.6万人次，这与春运大湾区的返乡潮有很大关系。

2017—2019年春运期间深圳北站到发旅客量 表3-3

年份（年）	发送旅客量（万人次）	发送旅客量增长率（%）	到达旅客量（万人次）	到达旅客量增长率（%）
2017	446.4	14.7	423.95	15.58
2018	514.67	15.22	480.21	13.21
2019	617.7	17.3	571.6	19

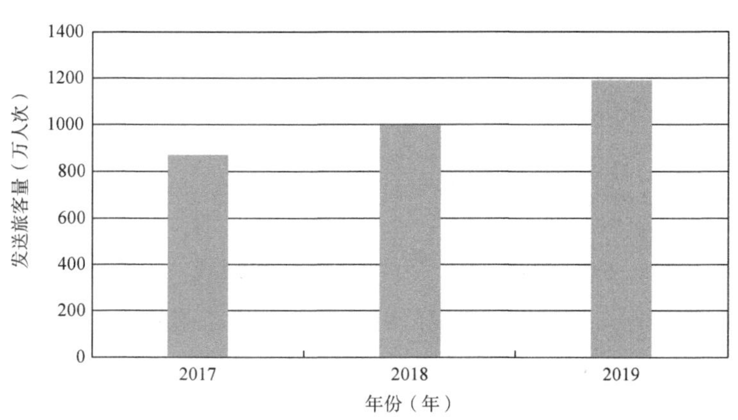

图3-27 2017—2019年深圳北站发送旅客量

2017—2019年春运期间，广州南站旅客到发量呈逐年递增趋势，见表3-4及图3-28。可以看出，2018年春运期间广州南站到发旅客量相较2017年增加了239.36万人次，2019年相较2018年增加412.67万人次。广东南站春运期间交通运输量大，且客流密度大，致使广东南站交通压力倍增，客运需求激增。

2017—2019年春运期间广州南站到发旅客量 表3-4

年份（年）	到发旅客量（万人次）	日均到发旅客量（万人次）	单日最高到发旅客量（万人次）
2017	1474.34	36.86	44.62
2018	1713.7	42.8	55.72
2019	2126.37	53.16	67.14

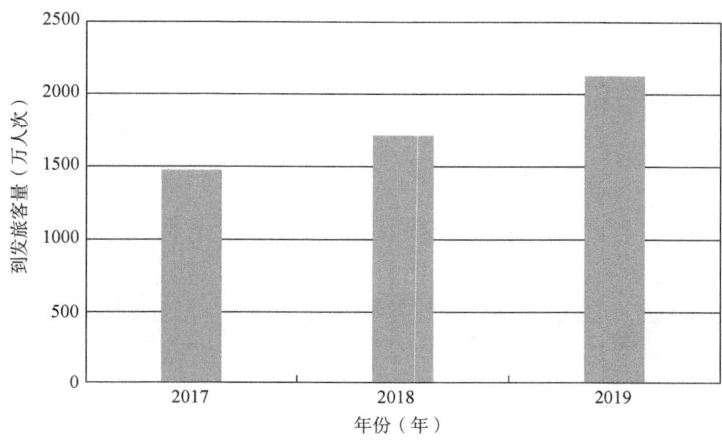

图3-28 2017—2019年春运期间广州南站到发旅客量

2017—2019年春运期间，白云机场的飞机起降量不断增加，但增长率明显下降。如表3-5及图3-29所示，飞机起降量由2017年春运期间的5.2万架次上升至2019年的5.45万架次，但增长率却由9.4%降至1.37%。旅客吞吐量也表现出近似的变化趋势，即在2017—2019年春运期间，旅客吞吐量不断增加但增长率却下降，由14.7%下降到4.57%。

2017—2019年春运期间白云机场飞机起降量和旅客吞吐量 表3-5

年份（年）	飞机起降量（万架次）	飞机起降量增长率（%）	旅客吞吐量（万人次）	旅客吞吐量增长率（%）
2017	5.2	9.4	758.2	14.7
2018	5.38	3.13	802.38	6
2019	5.4577	1.37	838	4.57

由此可知，春运期间航空运输的客流增长率的下降一方面由于近年来高速铁路和轻轨的逐渐普及有力地分担了民航的客流量，另一方面也说明航空的运输能力也在逐渐趋于饱和。未来可考虑加大民航运输组织管理提高其运输能力，增加吸引力，分担其他运输方式在春运期间的客流压力。

2017—2019年，宝安机场在春运期间的飞机起降量表现出不断上升的趋势，增长率表现为先下降后上升。飞机起降量由2017年春运期间的3.71万架次增长至2019年的4.22万架次，而增长率先由2017年的9.04%下降至2019年的6.3%，如表3-6和图3-30所示。

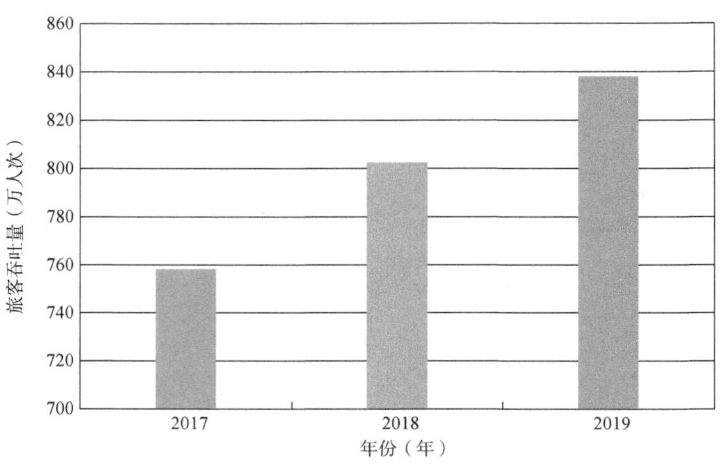

图3-29　2017—2019年春运期间白云机场旅客吞吐量

2017—2019年宝安机场飞机起降量和旅客吞吐量　　表3-6

年份（年）	飞机起降量（万架次）	飞机起降量增长率（%）	旅客吞吐量（万人次）	旅客吞吐量增长率（%）
2017	3.71	9.04	509.09	9.46
2018	3.95	6.3	567.45	11.5
2019	4.22	6.8	622.92	10.37

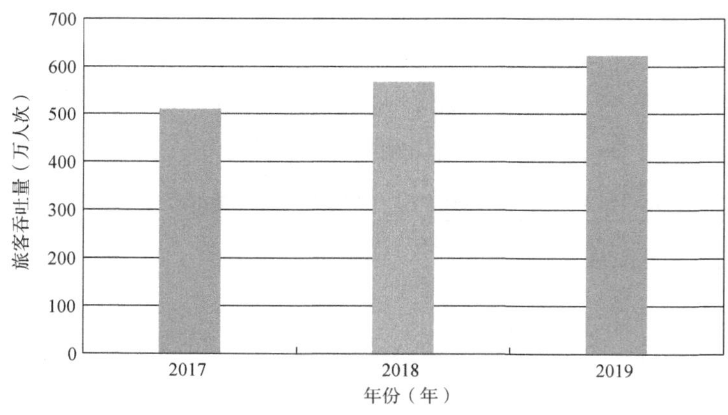

图3-30　2017—2019年春运期间宝安机场旅客吞吐量

基于对春运期间大湾区重要交通枢纽的客流分析发现，铁路和民航的客流量均呈现出逐年上升的趋势，各节点均处于超负荷客运状态。相关管理部门应加大对大湾区春运期间重要交通节点运输策略的制定和实施，确保枢纽正常运行，保障旅客正常出行。

2）主干路网

2019年春运期间，广州市主要高速公路（乐广高速公路、大广高速公路、京港澳高速公路、广清高速公路）累计通过车流1208.9万车次，同比降低1.3%。机场高速公路北行方向日均车速84.3公里/小时，同比提高11.6%；南行方向日均车速81.4公里/小时，同比提高7.8%。春运期间春运整体平稳有序，未发生重特大安全事故。

表3-7~表3-9分别为2019年春节节前、节中和节后粤港澳大湾区广东省内易拥堵服务区的基本情况。

2019年春节前粤港澳大湾区广东省内易拥堵服务区（1月27日—2月3日） 表3-7

服务区名称	所在城市	所在高速公路	方　向
泰美服务区	惠州市	长深高速公路	南向北
沙浦服务区	广州市	济广高速公路	东向西
梁金山服务区	江门市	沈海高速公路	东向西
龙甫服务区	肇庆市	二广高速公路	东向西
瓦窑岗服务区	广州市	京港澳高速公路	南向北

2019年春节节中粤港澳大湾区广东省内易拥堵服务区（2月4—11日） 表3-8

服务区名称	所在城市	所在高速公路	方　向
谢岗服务区	东莞市	武深高速公路	北向南
泰美服务区	惠州市	长深高速公路	北向南
沙浦服务区	广州市	济广高速公路	西向东
花城服务区	广州市	乐广高速公路	北向南
龙甫服务区	肇庆市	二广高速公路	西向东
梁金山服务区	江门市	沈海高速公路	南向北
梁金山服务区	江门市	沈海高速公路	北向南
广宁服务区	肇庆市	二广高速公路	北向南

2019年春节节后粤港澳大湾区广东省内易拥堵服务区（2月12—19日） 表3-9

服务区名称	所在城市	所在高速公路	方　向
谢岗服务区	东莞市	武深高速公路	北向南
泰美服务区	惠州市	长深高速公路	北向南
沙浦服务区	广州市	济广高速公路	西向东
花城服务区	广州市	乐广高速公路	北向南
龙甫服务区	肇庆市	二广高速公路	西向东
梁金山服务区	江门市	沈海高速公路	西向东
厚街服务区	东莞市	京港澳高速公路	北向南

表3-10~表3-12分别为2019年春节节前、节中和节后粤港澳大湾区广东省内易拥堵高速公路段的基本情况。可以看出，2019年春节节前、节后易堵点段以高速公路立交居多，节中以高速公路出入口为主。

2019年春节节前粤港澳大湾区广东省内易拥堵高速公路路段（1月27日—2月3日） 表3-10

所在城市	高速公路名称	方向
东莞市	莞佛高速公路	花灯盏大桥—五点梅立交
		太平立交—威远立交
	广深沿江高速公路	牛头山隧道—威远立交
广州市	广澳高速公路	笔村立交—沈海高速公路广州支线出入口
	沈海高速公路广州支线	广州环城高速公路西侧广州市边界—沙贝立交
		京港澳高速公路与广澳高速公路交会处—黄村立交
	华南快速公路	沈海高速公路广州支线北侧华南快速公路—石门堂山隧道
	广州环城高速公路	沈海高速公路广州支线出口—沙贝立交
深圳市	龙大高速公路	公常路出入口—深圳市界
	沈海高速公路	清平高速公路—龙大高速公路出入口
		观澜大道出入口—清平高速公路
	长深高速公路	正坑隧道—永安南一街出入口
惠州市	长深高速公路	东江大桥—惠州市北边界

2019年春节节中粤港澳大湾区广东省内易拥堵高速公路路段（2月4—11日） 表3-11

所在城市	高速公路名称	方向
东莞市	莞佛高速公路	太平立交—威远立交
		坦尾互通—虎门大桥
广州市	广州机场高速公路	沈海高速公路出入口—国道106线
	从莞深高速公路	省道119线入口—出入口
	大广高速公路	三东大道东出入口—机场高速公路出入口
	京港澳高速公路	城鳌大道中出入口—花都大道东出入口
		广从公路出入口—广汕公路出入口
深圳市	东部沿海高速公路	明珠立交—北山立交
惠州市	广河高速公路	县道261线出入口—合口隧道
	长深高速公路	广河高速公路出入口—京广高速公路出入口
		京广高速公路出入口—金龙大道出入口
佛山市	沈海高速公路广州支线	二广高速公路出入口—里水大道南出入口
	江罗高速公路	佛山市边界—佛山市东边界

2019年春节节后粤港澳大湾区广东省内易拥堵高速公路路段（2月12—19日） 表3-12

所在城市	高速公路名称	方向
东莞市	莞佛高速公路	太平立交—威远立交
		坦尾互通—虎门大桥
广州市	广澳高速公路	上横沥桥—广佛高速公路出入口
	沈海高速公路广州支线	广州环城高速公路西侧广州市边界—沙贝立交
	大广高速公路	三东大道东出入口—机场高速公路出入口

续上表

所在城市	高速公路名称	方向
广州市	广州环城高速公路	增滘立交—海南立交
	京港澳高速公路	沈海高速公路广州支线出口—广清立交
		沈海高速公路出入口—广汕公路出入口
		沈海高速公路广州支线
		长深高速公路出入口—龙岗大道出入口
深圳市	沈海高速公路	丹梓大道出入口—长深高速公路
		观澜大道出入口—清平高速公路
惠州市	长深高速公路	县道215线出入口—济广高速公路出入口

3.3.2 清明节假期

清明节假期时间较短，出行者的出行目的多以扫墓祭祀及休闲旅行为主且出行需求较为集中，出行强度较大。随着粤港澳大湾区常住人口的持续性增加以及经济的高速发展，清明节期间的总体客运需求也将持续增加。

从区域分布规律来看，去往粤东、粤西地区两翼地区的客运需求较大，去往粤北方向的客运需求相对较小。从近几年广东省清明假期交通出行特点来看，2019年清明假期车流主要集中在珠三角往返粤东、粤西方向，以广州、深圳、东莞、佛山等市为中心向周边地市辐射。

从客流成分来看，以短途扫墓、踏青客流为主。旅客出行规律明显，部分返程客流出现后延情况；在客流流向上，前期客流以广州、深圳等大城市为中心向周边城镇辐射，后期以返程客流为主。

从时间分布角度来看，假期首日及尾日的总体客运需求较大，为整个假期的波峰。假期次日的出行强度略小，后一天交通量迅速回落，假期前后存在不同强度的客流余波。清明节期间，交通量有所下降，节后第一个工作日流量恢复到正常水平，小客车流量占总交通量的比例明显高于平日。

1）交通枢纽

清明节期间，以广州南站、广州站、深圳站、深圳东站、深圳北站、白云机场及宝安机场为代表的主要的交通枢纽都会出现不同程度的大客流，去往粤西及粤东方向的车票极为紧张。2019年清明节假期，探亲客流、旅游客流、祭扫客流高度叠加，特别是4月5日旅客集中出行，4月7日旅客集中返程。

清明节期间各大交通枢纽均在不同程度上达到了客流高峰或小高峰。其中，粤港澳大湾区广东省内深圳北站和广州南站的客流量最大，其次是广州站和深圳站，如图3-31所示。因此，在清明节期间，各级交通运输部门应加大对城际轨道交通枢纽的客流疏散和运输组织管理，并向普通铁路和民航运输进行客流转移。

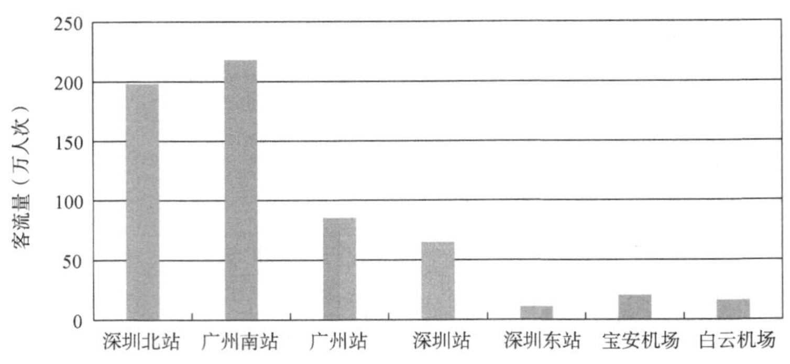

图3-31　2019年清明节假期粤港澳大湾区广东省内主要交通枢纽客流量

2）主干路网

由于清明节假期交通出行需求大，2019年 4月4—7日广东省全省高速公路车流都持续处于高位，并呈现出明显的出城和返程高峰。近几年来，随着私家车数量的激增和7座及以下小型客车节假日高速公路免通行费政策的实施，使得清明节假期部分高速公路路段出现拥堵。粤港澳大湾区广东省内易拥堵缓行的高速有二广高速公路、莞佛高速公路、济广高速公路、京港澳高速公路、沈海高速公路、长深高速公路，具体见表3-13、表3-14。

2019年清明节假期粤港澳大湾区广东省内出城高峰期间易拥堵路段　　表3-13

所在城市	路　段	方　向
东莞市	莞佛高速公路	太平立交—威远立交
		花灯盏大桥—五点梅立交段
广州市	广深沿江高速公路	连升南路出入口—威远立交段
	广州环城高速公路	沙贝立交段
	华南快速公路	华南快速公路出入口—石门堂山隧道
	京港澳高速公路	济广高速公路出入口—京港澳高速公路出入口段
深圳市	沈海高速公路	排榜立交—龙岗大道出入口段
		观澜大道出入口—清平高速公路段
	长深高速公路	东江大桥—金龙大道出入口段
佛山市	广明高速公路	省道 269 线出入口—大岗互通

清明节假期粤港澳大湾区广东省内返程高峰期间易拥堵路段　　表3-14

所在城市	路　段	方　向
东莞市	广澳高速公路	横沥桥州市边界—南沙港快速公路出口段
	莞佛高速公路	坦尾互通—虎门大桥段
广州市	沈海高速公路广州支线	沙贝立交段
	广州环城高速公路	浔峰洲立交—广清立交段
	沈海高速公路广州支线	二广高速公路出入口—里水大道南出入口段
深圳市	沈海高速公路	长深高速公路出入口—龙岗大道出入口段
佛山市	广澳高速公路	南沙港快速公路出口—莞佛高速公路出入口段
	广明高速公路	松岗服务区段

3.3.3 “五一”劳动节假期

近年来，粤港澳大湾区“五一”劳动节假期的总体客运需求持续性增加，假期首日及尾日的总体客运需求较大，假期次日的出行强度略小，假期前后存在不同强度的客流余波。下面从交通枢纽和主干路网两方面对“五一”劳动节假期交通运行特性进行分析。

1）交通枢纽

“五一”劳动节期间，以广州南站、深圳北站、白云机场和宝安机场为代表的各类交通枢纽都出现不同程度的客流高峰。图3-32所示为2019年“五一”劳动节期间粤港澳大湾区各主要枢纽的客流量。

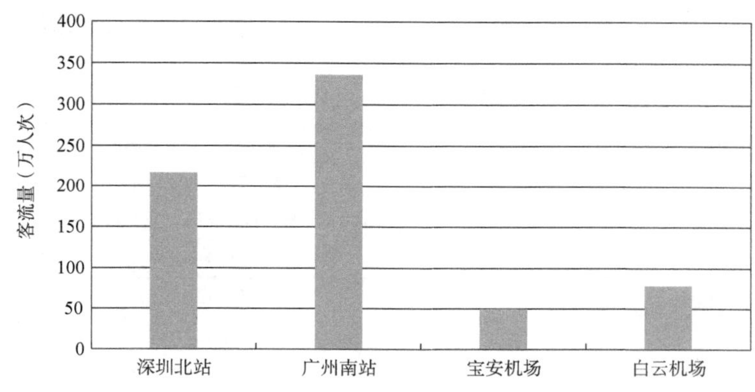

图3-32 2019年“五一”期间粤港澳大湾区各主要交通枢纽客流量

虽然“五一”劳动节假期与清明假期时间相距较近，但仍未影响居民在“五一”劳动节期间的出行意愿。2019年“五一”劳动节期间，深圳北站、广州南站、宝安机场和白云机场的客流量超过清明节期间的各个枢纽的客流量。与清明节客流表现类似的是深圳北站和广州南站的客流量最大，因此各级交通运输部门应加大对“五一”劳动节期间这两个客运交通枢纽的组织管理和应急防御。

2）主干路网

“五一”劳动节假期省内中短途出行需求较以往有明显上升，跨省自驾游也有所增多。省内短途出行车流主要集中在珠三角往粤东、粤西、粤北各大旅游景点、度假区及城市周边农家乐、海滨公园等方向的主干路网上。跨省出行车流集中在珠三角往湖南、广西、江西、福建方向各主干路网上。其中，往湖南、广西方向车流最为集中。

2019年“五一”劳动节期间，粤港澳大湾区广东9市的客流高峰与清明节类似，有出城和返程两个高峰。其中，“五一”劳动节假期粤港澳大湾区广东省内的易堵路段见表3-15、表3-16。

2019年“五一”劳动节假期粤港澳大湾区广东省内出城高峰期间易拥堵路段　表3-15

所在城市	路　段	方　向
东莞	莞佛高速公路	太平立交—威远立交段
		广澳高速公路出入口—南沙服务区段
	广澳高速公路	横沥桥—莞佛高速公路出入口段
	广深沿江高速公路	连升南路出入口—威远立交段
	机场高速公路	沈海高速公路出口—黄石立交段
	华南快速公路	石门堂隧道段
广州	广州环城高速公路	沙贝立交段
佛山	济广高速公路	博新路出入口—长深高速公路出入口段
	沈海高速公路	济广高速公路出入口—金龙大道出入口段
		观澜大道出入口—清湖立交段

2019年“五一”劳动节假期粤港澳大湾区广东省内返程高峰期间易拥堵路段　表3-16

所在城市	路　段	方　向
东莞	莞佛高速公路	南沙立交—南沙服务区段
		太平大桥—威远立交段
		南沙服务区—虎门大桥段
佛山	广澳高速公路	南沙港快速出口—莞佛高速公路出入口段
	沈海高速公路	长深高速公路出入口—龙岗大道出入口段
		观澜大道出入口—清湖立交段
		丹梓大道出入口段
	盐坝高速公路	盐葵路出入口—北山立交段
深圳	长深高速公路	杨村镇段
广州	华南快速公路	天源路出入口段
	广州环城高速公路	广清立交—沙贝立交段

3.3.4 国庆节假期

随着粤港澳大湾区常住人口的不断增加及经济文化交流的日益密切，近几年国庆节假期的总体客运需求持续性增加。下面从交通枢纽和主干路网两方面对国庆假期交通运行特性进行分析。

1）交通枢纽

国庆节期间以广州南站、深圳北站、白云机场及宝安机场为代表的主要交通枢纽都出现较大的客流。图3-33所示为2018年国庆节期间粤港澳大湾区广东省内主要交通枢纽客流量。

对比清明节假期、“五一”劳动节假期和国庆节假期粤港澳大湾区广东省内主要交通枢纽客流量可知，国庆节期间各大枢纽客流最大，且与“五一”劳动节期间的客流分布类似。客流大多分布在广州南站和深圳北站，其中2018年这两个枢纽站的客流量分别为594.3万人次和397.1万人次。

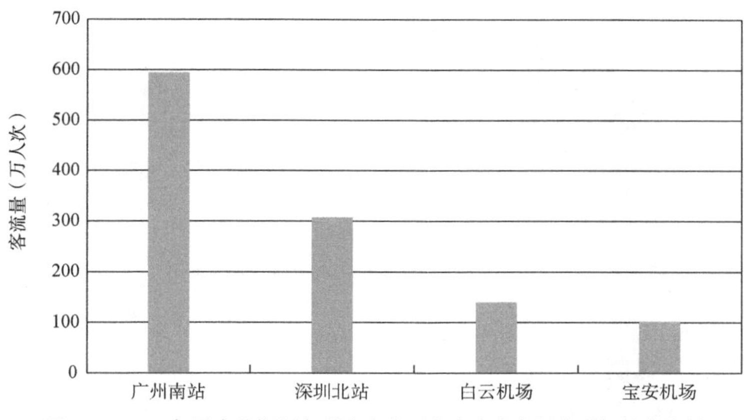

图3-33　2018年国庆节期间粤港澳大湾区广东省内主要交通枢纽客流量

2）主干路网

国庆节期间，客运需求集中在以广州、深圳为代表的珠三角区域，呈现以珠三角为中心，向粤西、粤东及粤北发散的主要客流方向，且拥堵路段主要集中在以广州、深圳为中心，辐射粤北、粤东、粤西三个方向及通往广西、湖南、江西、福建方向的出省通道上。9月30日午后至10月2日出现集中出城客流，其中10月1日达到客流高峰；10月3—4日流量趋于平缓，但总体仍呈高位运行状态；10月5—7日出现返程集中，其中10月6日达到返程高峰。

国庆节期间，珠三角区域主要的拥堵路段重要集中在虎门大桥、广深高速公路、广珠东高速公路、广珠西高速公路、江中高速公路、广惠高速公路、广佛高速公路、佛开高速公路、开阳高速公路、广清高速公路、粤肇高速公路等路段。2019年国庆节假期粤港澳大湾区广东省内出城、返程易拥堵路段分别见表3-17、表3-18。

国庆节假期粤港澳大湾区广东省内出城高峰期间易拥堵路段　　表3-17

所在城市	路　段	方　向
深圳	广深沿江高速公路	东莞南边界—威远立交段
		官洲街—威远立交段
		南沙服务区—虎门大桥段
	京港澳高速公路	东莞南边界—太平立交段
		大广高速公路出口—瓦窑岗服务区段
东莞	莞佛高速公路	太平立交—威远立交段
佛山	二广高速公路	南丰大道—北江特大桥段
深圳	长深高速公路	东江大桥—泰美服务区段

国庆节假期粤港澳大湾区广东省内返程高峰期间易拥堵路段　　表3-18

所在城市	路　段	方　向
东莞	莞佛高速公路	南沙服务区—虎门大桥段
	沈海高速公路	长深高速公路出入口—龙岗大道出入口段

续上表

所在城市	路段	方向
深圳	长深高速公路	广河高速公路出入口—济广高速公路出入口段
	京港澳高速公路	广从公路段
广州	广澳高速公路	南沙港快速公路出口—莞佛高速公路出入口段

3.4 重大节假日道路运输需求的影响因素分析

本节从相关政策及制度、旅游产品影响、高速铁路与城际铁路对道路客运交通的影响，以及公共交通出行信息服务系统对出行方式选择多样化的影响4个方面进行分析。

3.4.1 相关政策及制度

近年来，重大节假日免收7座及以下小型客车通行费等政策的实施以及职工带薪休假等制度的完善，极大地改变了居民的出行行为，进一步影响了重大节假日的道路运输需求。

1）重大节假日免收小型客车通行费政策

2012年7月，国务院印发了《国务院关于批转交通运输部等部门重大节假日免收小型客车通行费实施方案的通知》（国发〔2012〕37 号）。该政策的实施范围为：①免费通行的时间范围为春节、清明节、劳动节、国庆节4个国家法定节假日，以及当年国务院办公厅文件确定的上述法定节假日连休日。免费时段从节假日第一天00:00开始，节假日最后一天24:00结束（普通公路以车辆通过收费站收费车道的时间为准，高速公路以车辆驶离出口收费车道的时间为准）。②免费通行的车辆范围为行驶收费公路的7座以下（含7座）载客车辆，包括允许在普通收费公路行驶的摩托车。③免费通行的收费公路范围为符合《中华人民共和国公路法》和《收费公路管理条例》规定，经依法批准设置的收费公路（含收费桥梁和隧道）。各地机场高速公路是否实行免费通行，由各省（区、市）人民政府决定。

该政策极大降低了重大节假日公众的出行成本，强烈刺激了民众的出行意愿，对刺激消费、拉动内需起到了积极作用，同时也带来了如交通拥堵、事故多发、通行效率低下、公交分担率降低等新的问题。

2）职工带薪休假制度

2014年8月，国务院发布《关于促进旅游业改革发展的若干意见》（国发〔2014〕31号），指出要强化全社会依法休假理念，将带薪年休假制度落实情况纳入各地政府议事日程，作为劳动监察和职工权益保障的重要内容，推动机关、企事业单位加快落实职工带薪年休假制度。鼓励职工结合个人需要和工作实际分段灵活安排带薪年休假。在教学时间总量不变的情况下，高等学校可结合实际调整寒、暑假时间，中小学可按有关规定安排放春假，为职工落实带薪年休假创造条件。

2019年12月，多部门联合发布的《关于改善节假日旅游出行环境促进旅游消费的实施意见》（发改社会〔2019〕1822号）中也指出，要完善带薪休假相关制度建设，鼓励进行错峰旅游，引导、鼓励职工和其所在单位更加灵活地安排带薪休假。鼓励用人单位在年初结合工作需要和职工休假意愿统筹安排当年休假，优先考虑子女上学的职工在寒、暑假的休假安排。该制度大大增加了假期中长途出行需求和意愿，在一定程度上可有效化解中长途出行集中的矛盾。随着该制度的实施，节假日期间公路交通量高峰持续时间有所延长，高峰值基本持平，节假日公路交通出行需求更加理性和科学。

3）综合影响分析

在重大节假日期间，人口流动和交通需求较平日有较大增长。粤港澳大湾区外来务工人口多，人口流出的探亲出行现象更加明显。同时，大湾区具有极大的旅游吸引力，吸引全国各地的人口流入，产生大量的旅游交通。一方面，公路免费政策降低出行成本，能够吸引大量的交通出行，要求粤港澳大湾区的公路系统有强大的交通疏导能力；另一方面，职工带薪休假制度能够延长节假日出行时间，在一定程度上缓解交通量短时间的暴增，减轻粤港澳大湾区的交通压力。

3.4.2 旅游产品影响

粤港澳大湾区城市现代化程度高、活力足，是我国人民重要的旅游目的地。同时，香港、澳门其独特的历史文化，在全球具有较高的影响力，因此旅游产品对粤港澳大湾区的道路运输需求有着重要的影响。

旅游产品由实物和服务构成，包括旅行商集合景点、交通、食宿、娱乐等设施设备、项目及相应服务出售给旅游者的旅游线路类产品，旅游景区、旅游饭店等单个企业提供给旅游者的活动项目类产品。近年来，节假日旅游产品的供给日渐丰富。旅游产品不断升级改造，注重提升旅游产品的文化内涵、科技含量、绿色元素。依托革命历史文化和历史文物遗迹，开发了大量文化体验游、研学旅行游、乡村民宿游、休闲度假游、红色教育游等。同时，注重旅游消费引领，推出了一批新线路新产品，拓宽旅游活动空间。旅游产品的丰富一方面刺激了旅游出行的需求，另一方面通过多样化旅游产品的提供，也避免了旅游消费冷热不均、结构失衡，缓解了热门景区的交通拥堵。

此外，各旅行社在节假日前对路线进行合理安排，旅行社参与旅客的自驾游，积极为自驾出游的市民及游客提供精品线路。旅游线路的合理安排，对旅游出行产生积极的促进作用。

同时，节假日时间长度也对居民旅游产品的选择产生影响，进而影响道路交通运输需求。例如，清明节假期、“五一”劳动节假期，由于休假时间较短，旅游者难以进行长距离的观光旅游，因而更倾向于近距离的休闲旅游，以健康、放松为主要目的旅游产品将受到更多、更广泛的欢迎。而国庆节假期，人们在出行时间、行为、方式、追求上更为多样化、个性化，旅客倾向于选择长途出行。长假期间，粤港澳大湾区的交通与外部呈现交互模式，道路运输系统主要承担与外界相互联系的任务。

3.4.3 高速铁路与城际铁路对道路客运交通的影响

近年来，高速铁路和城际铁路的快速发展，不仅给公众的出行带来了极大的便利，也潜移默化影响着旅客的出行结构及企业的运营模式。深入剖析高速铁路和城际铁路建设对粤港澳大湾区道路客运交通的影响，对道路交通运输组织至关重要。

1）两种运输方式的优劣势分析

高速铁路和城际铁路的快速发展给道路客运带来巨大的竞争压力。和道路客运相比，其优劣势主要体现在以下四个方面。

（1）高速铁路与城际铁路的时间可靠性。高速铁路和城际铁路有严格的发车时刻表与运行时间，不易受天气等外界因素的影响，是时间可靠性最高的交通方式。相比之下，道路客运则容易受到道路交通条件的影响，尤其是节假日出行高峰期间，其运输极易受交通拥堵的影响。

（2）高速铁路与城际铁路的中长距离运输优势。在中长距离运输中，高速铁路和城际铁路在时间可靠性、时效性、舒适性等各方面的优势是道路客运无法触及的，这也是高速铁路客运发展迅猛的原因之一。

（3）道路客运的灵活性。道路客运最大的优势在于其灵活性，能够实现点到点的运输，解决“最后一公里”问题。而高速铁路与其他运输方式都具有各自的局限性，必须依靠道路客运解决末端出行问题。

（4）道路客运的经济性。与高速铁路相比，道路客运具有价格优势，尤其是在出行淡季，公路客运还会有一定的折扣，这对价格敏感型旅客具有较大的吸引力。同时，当客流密度达不到一定的水平时，高速铁路的运行利润也不容易得到保障。

2）高速铁路冲击下道路客运的现状及发展需要

在高速铁路和城际铁路发展的冲击下，道路客运在客运量、运营模式、服务质量等各方面均受到重大的影响。

（1）道路客运量及业绩不断下滑。高速铁路网络的不断完善及延伸，对与其平行及在其辐射范围内的道路客运造成巨大的冲击，导致城际间的道路客运量及收入不断下滑。广深城际列车比提速前日均发送量增长50%。相比之下，道路客运因为运输时间较长且不确定性较高，尽管票价较低，旅客仍然优先选择乘坐火车前往广州。随着高速铁路网络的不断完善，高速铁路沿线的公路客运骨干线路纷纷遭受冲击，这些原属各站的主流线路纷纷陷入濒临亏损的境地。

（2）管理与运营模式亟待创新。在中短距离的运输当中，虽然道路客运存在优势，但高速铁路列车在时间可靠性方面的巨大优势使得道路客运的价格优势几乎可以忽略。因此，道路客运的管理与运营模式需要从以往的竞争转为竞合，发挥道路客运的点对点优势，开行高速铁路列车的末端接驳线路和广大农村高速铁路线路的补充线路，实现共赢。

（3）服务质量有待提升。近年来，由于道路客运市场低迷，部分客运企业抓服务质量的积极性不高甚至消极，这加剧了道路客运的窘迫局面。相关企业需具有战略性眼光和开拓性思维，立足于服务质量的提升，从运营线路、运营模式和车内环境等各方面提升道路客运的服务质量，完善与高速铁路线路、航班的接驳服务，从而实现在逆境中重生。

3.4.4 公众交通出行信息服务系统对出行方式选择多样化的影响

高度网络化和信息化的今天，信息在生产生活的各个方面都扮演着极其重要的角色。在交通领域，交通运行信息及出行信息深刻地影响着人们的出行结构及出行模式。

1）常规出行信息服务系统对出行结构的影响

常规出行者信息系统目前已经在交通领域得到广泛应用，可以为出行者提供准确实时的地铁、轻轨和公交等公共交通的服务信息。出行信息服务系统能够促进出行结构的转变及公共交通的发展，主要体现在以下几个方面。

（1）精准的公共交通信息能够促进出行公交化。公交出行者在获得车辆实时位置、交通拥堵信息等实时公交信息后，会根据自身的需求，及时调整出发时间，使出发时间更加灵活。研究表明，公共交通出行信息的准确性对公众的出行结构具有重大影响，更加精准的公共交通信息能够促使一部分私家车出行人员放弃私人交通而转向公共交通，这在一定程度上促进了出行结构的转变及公共交通的发展。

（2）精准的出行信息能够提高高承载车辆的比例。出行信息服务系统能够系统地收集用户的出行信息，从而为用户推荐拼车出行、合乘出行等承载率较高的出行方式。另外，精准的出行信息服务系统还能够推进定制公交的发展，从而为用户节约成本，为道路减轻负担。

（3）实时路况信息服务是避堵良方。实时路况信息服务系统对当前在各路径导航系统中已经得到了充分的运用，百度地图、高德地图、腾讯地图等软件在出行指引服务中已经能够实现对路况的实时更新，并诱导车辆避开拥堵路段，减少出行延误，从而提升道路交通网络的运行效率，避免大范围、长时间的拥堵。

2）多模式出行信息服务系统对出行结构的影响

多模式出行信息服务系统将多元交通方式整合到同一服务平台，为公众出行提供多样化、个性化的出行方案，并实现一站式服务和一体化支付，为公众出行提供诸多便利。

（1）出行方式更加多样化。多模式出行信息服务系统不仅能够为用户提供各种单模式的出行方案，也能够为用户提供同一交通方式拼接、不同交通方式拼接、单次拼接以及多次拼接等各种多模式出行方式。另外，由于拼接模式和换乘地点存在差异，各多模式出行方式又呈现出不同的特征，多模式出行信息服务系统使得可供选择的出行方式更加多样化。

（2）出行结构更加均衡化。多模式出行信息服务系统具有出行诱导的作用，通过适当的价格调控和出行线路调整，能够诱导各类出行用户更加均衡地分布在整个出行网络上，缓解局部路段、局部区域以及部分交通方式的运输组织压力，充分利用道路运输资源，释放道路运输系统的运输潜能。

（3）出行选择更加智能化。多模式出行信息服务系统能够根据用户的个性需求及特征，智能地为用户推荐最接近期望值的出行方案，从而减少用户自主制定出行方案的搜索时间。另外，出行信息服务系统还能够通过大数据分析获取用户的出行特征及需求，不定时地为用户提供一些出行推荐。

④ 粤港澳大湾区节假日道路交通管控模式

本章结合粤港澳大湾区的道路运输需求特征与发展趋势，在道路网络拓扑特性分析的基础上，对粤港澳大湾区节假日道路运输组织模式及规划进行分析。

4.1 道路网络拓扑特性分析

本节通过主干路网拓扑特性分析和脆弱性分析，识别主干路网的重要路段，从微观层面制订针对重要路段的分流和绕行运输组织方案，同时针对整个路网的拥堵情况，制订宏观运输组织方案。

复杂网络利用拓扑抽象的方法，通过节点、边的个体属性及连接方式的不同来表征各类网络类型。节点表示任意具有特定动力和信息内涵的系统基本单元，边表示这些基本单元之间的联系。通过对交通网络拓扑关系进行物理抽象，使得网络元素间的关系得以直观展现，并常用于对网络结构与网络性质的分析之中。以粤港澳大湾区广东省内9市组成的城市群干线路网作为研究对象，利用原始法进行网络抽象，通过GIS（Geographic Information System，地理信息系统）软件进行拓扑处理生成点之间的邻接关系，结合MATLAB软件编程测算城市群干道网络的复杂拓扑特性值，研究路网的网络拓扑结构，如图4-1所示。

1）平均度与度分布

某一节点度表示该节点与其他节点相连的情况，度越大表明该节点的连通性越好，平均度则反映网络中度的整体情况。路网节点度分布情况见表4-1。

图4-1 粤港澳大湾区广东省内9市干线路网拓扑结构示意图

路网节点度分布情况 表4-1

节点度	1	2	3	4	5	6	7	8
节点个数	62	52	344	462	35	24	3	1
度分布	0.063	0.053	0.350	0.470	0.036	0.024	0.003	0.001
累计度分布	1.000	0.937	0.884	0.534	0.064	0.029	0.004	0.01

2）聚类系数、平均路径长度、直径与网络效率

聚类系数反映网络节点的分离程度，平均路径长度和直径反映网络中节点距离情况，网络效率则反映通信能力的大小。根据实例测算结果可知，路网各节点平均聚类系数C=0.1409，直径D=42，平均路径长度APL=15.9613（此处的长度并不表示地理空间的长度，仅描述边与边之间的关联性），网络效率值E=0.0872。可以看出，实例路网的各节点之间的相关性较低，路网呈现分散的状态，网络互通性差。但考虑到节点个数，实例路网的平均路径长度和直径均较低，也表现出明显的小世界网络特性。

3）介数

介数反映了节点在网络中影响力的大小，网络中平均介数可反映出网络整体的通信能力。通过计算得出网络中各节点平均介数为8324.5，网络的介数中心性为0.2204，网络中节点的最大介数值为105288，最小介数值为979。通过对各节点的介数进行分组并作柱状图可以发现，大量节点介数均处于1000~5999的区间内，高于41000的节点数仅有23个，占总数的2%。因此，证明了实例路网中绝大多数节点的重要度均较低，少部分节点在网络中具有高重要性，显现出典型的无标度网络的特征，如图4-2所示。

4）与其他网络对比情况

众多学者先后对各类网络进行了复杂网络分析。本书选取部分特征网络作为对比对象，从复杂网络结构层面观察城市群干道网络与其他网络的异质性与同质性，各对比网络与本次实证路网的特征参数值见表4-2。

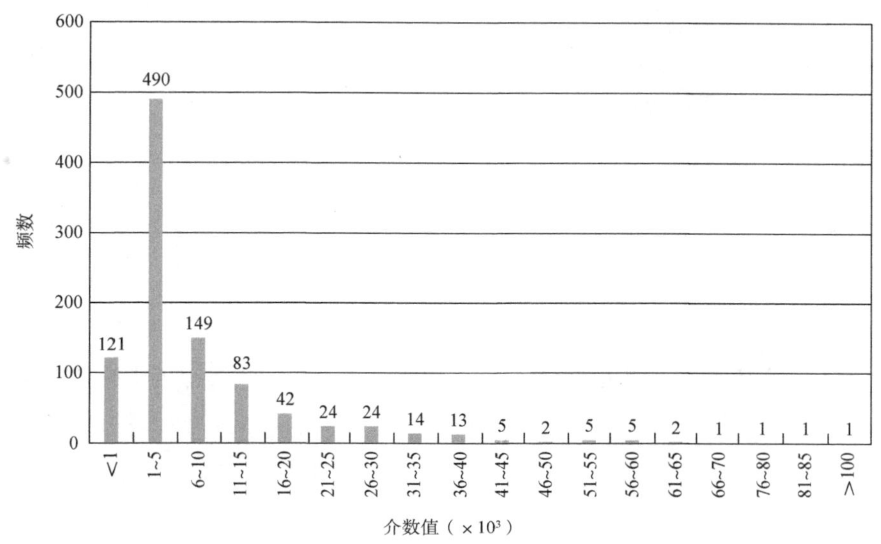

图4-2 粤港澳大湾区广东省内9市干线路网介数频数分布图

各对比网络特征参数值 表4-2

网 络	特征参数				
	N	*M*	<*k*>	*L*	*C*
电力网	4941	6594	2.67	19	0.080
省高速公路	—	—	2.83	4.53	0.030
高速铁路地理网	150	175	2.33	11.28	0.067
小城市路网	707	1135	3.21	14.79	0.064
中等城市路网	1569	2304	2.93	24.95	0.023
大型城市路网	4717	6543	2.77	37.12	0.023
本次研究网络	983	1697	3.45	15.96	0.141

注：*N* 为节点个数，*M* 为连边，<*k*>为网络的度，*L*为平均路径长度，*C*为聚类系数。

从规模上来看，城市群干线路网的网络规模位于小城市与中等城市之间，具有一定体量，均属大规模网络。从现实情况角度观察，城市路网密度高，道路多且密集。城市群干线路网虽然单位空间路网密度较低，但其跨越空间范围广，途经多个城市，若以较大空间城市群为背景，如珠三角城市群，按照原始法进行抽象，仅省道路段就有2000条以上。

从特征参数值来看，城市群干道网络平均度比各类城市路网要高，造成这一现象可能的原因是城市群干道网络组成的道路等级均较高，相互交叉比例相对较低。而为了保证城市道路网络的连通性，尽可能减少断头路，导致大量交叉口产生，此现象也可能是造成城市群干道路网的平均路径长度小于城市路网，而聚类系数明显高于城市路网的原因。

总而言之，相较于城市路网，城市群干道网络与城市路网均规模较大，属于大规模网络，且存在少数枢纽节点和高介数节点，符合无标度网络特征。不同点在于城市群干线路网聚类系数较大，平均路径长度较小，更加倾向于小世界网络。

4.2 脆弱性评价

脆弱性作为一种描述系统对外界干扰敏感程度的指标，近年来被广泛应用于各类交通网络中的研究中。不少研究表明，准确识别各类情况下的道路网络中的脆弱位置并进行针对性的优化，有利于规划人员和政策制定者从整体上把握该特定路网的演化规律、形态特征与各部分的重要性程度，从而制定针对性政策或措施来提高路网的抗干扰能力。

因此，本书以城市群干线网络为研究对象，在把握城市群干线路网现状特征的同时，构建适配于路网特征的脆弱性评估方法，寻找干线路网脆弱性规律特征。

4.2.1 脆弱性影响因素分析

道路网络脆弱性是干扰事件对系统造成影响时系统所表现出来的退化情况，是系统本身内部的固有性质，其由道路网络所承载的交通流网络和网络构成上的根本缺陷所决定。脆弱性的大小可以由干扰事件导致路网部分或整体产生不同程度服务能力丧失的后果来确定，而脆弱性评价就是对这种服务能力丧失的后果进行确定的一种方法。脆弱性评价应关注于事件所导致的最恶劣情况，其最终目的是通过考虑不同行动和资源分配的成本和价值来控制系统脆弱性水平。

根据前文所述，脆弱性三个最为核心的要素为“现状” “事件”和“结果”，从因果关系上可以理解为现状与事件直接决定了结果的大小。因此，脆弱性大小的影响因素为“现状”与“事件”，可以具体表现为以下四个方面。

（1）路网的拓扑结构。路网的拓扑结构是承载网络上交通流的功能实体，其直接决定着出行者的路径选择集的大小。在干扰事件发生后，由于路网环节的失效，导致部分出行者原有的出行路径阻抗增大，从而使该部分出行者基于路网拓扑重新进行路线选择。路网拓扑结构从整体上决定着交通网络的功能和运行，进而对脆弱性造成影响。

（2）出行者之间的异质性。交通网络区别于其他复杂网络最特殊的地方在于其承载对象是人，由人组成的交通流具有行为自主性和选择性。由于出行目的、出行习惯以及对风险感知能力的不同，当路网中的干扰事件发生时，不同出行者对干扰事件的反应也必然不同。即使是面对同一事件，不同区域、不同时间出行者的应对表现往往也存在一定差异。从宏观角度可以体现为网络中交通流并不一定会在短时间内完成干扰后均衡态演化。出行者的不同表现可能使得脆弱性大小发生一定程度的改变。

（3）路网需求的不确定性。路网需求的不确定性可以理解为交通流的不确定性，主要体现在两个方面：一是交通需求的大小会随时间进行改变，从而使事件所引发的受影响人群的数目和影响程度发生变化，最终导致脆弱性大小值发生改变；二是各个路段上的交通流分配不均匀，导致对道路网络上同类元素的不同个体造成影响时，其结果值也并非一个确定性的结果。

（4）干扰事件与交通供给的不确定性。干扰事件的发生造成事发路段道路承载能力下降和网络部分正常功能及服务能力的退化，从而导致脆弱性暴露并被捕捉量化。因此，干扰事件基本决定了路网整体的供给能力，干扰事件的种类、所发生的位置、持续时间及发生时间等均与干扰事件对网络整体的影响强度有着决定性的关系。

脆弱性暴露的行为由事件引起，脆弱性暴露的程度也由事件所决定。道路网络的干扰事件类型众多，Jenelius等人根据事件的起源将发生在道路网络上的事件分为两类：第一类为由交通系统本身所引起的事件，包括车祸、技术错误导致的桥梁坍塌或道路施工等事件；第二类为由外部事件所引起的事件，外部事件常表现为气象灾害、地质灾害等自然灾害现象。从目前的研究可知，干扰事件对网络的影响程度取决于干扰事件发生的地点、时间、事件强度和干扰事件的持续时间，各类特征因素对交通系统产生的影响如下。

（1）发生时间。干扰事件的发生时间这一特征的影响差异体现由道路交通网络在该时间的整体运行态势所决定。在道路网络高峰期，道路拥挤程度高，承载在路网上的交通流总量大。当路段失效时，高峰时期波及的人群比平峰时期更多，自然所造成的后果更大。此外，不同时间的人群出行目的不同，其出行价值成本也存在差异。例如，对大多数人来说，早高峰期间上班的时间价值就远高于晚高峰期间回家的时间价值。

（2）发生地点。干扰事件的发生地点不同对路网所造成交通影响不同已经在大量研究中被证实。可以预想，产生相同影响强度的事件发生在道路密度稀疏、可替代路径少且道路流量极高的路段与发生在道路密度高但流量很低路段，其对路网所造成的影响程度必然有显著差异。

（3）事件强度。相同的事件强度在不同地点发生时对道路的影响程度并不一致。例如，双车道道路发生交通事故时，往往意味着该条道路失效，但交通事故发生在四车道道路时，影响程度则变为通行能力下降。此外，不同强度的事件对相同路网造成的影响也不同。

（4）影响时间。不同事件的影响时间不同，如交通管制可能只维持数分钟，但由恐怖袭击的爆炸等所导致的路段破坏修复工作可能维持数周。同时，在拥挤路网上，由于持续的时间不同可能导致拥堵的变化程度不同，从而引起多条路段级联失效的状态也有一定差异。

4.2.2 脆弱性评价方法

一般来说，进行路网脆弱性评价的流程主要有三个：脆弱性量化指标的构建、路网交通出行模型的构建、脆弱性计算方法的构建。脆弱性评价指标为路网各元素之间脆弱性的比较提供了统一的单位和衡量标准；路网出行模型为适用于该网络出行特征的交通规划模型，旨在计算并确定事件发生前后路网交通流的分布及变化情况；脆弱性计算方法，应基于事件与网络的特征展开，对现有方法进行修正或根据量化理念构建新计算方法。

城市群干线路网的总体框架与评价流程保持一致，结合前文对城市群干线路网干扰事件的分析，城市群干线路网脆弱性评价整体框架如图4-3所示。

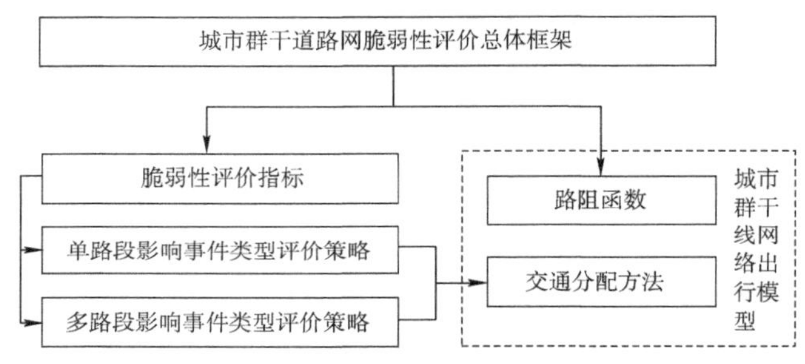

图 4-3 城市群干线脆弱性评价总体框架

在评价流程与网络特性的匹配方面，城市群干线路网作为一种特殊的道路网络，其出行特征、网络结构也明显与其他道路网络存在差异。因此，针对城市群干线网络的脆弱性评价也需要针对城市群干线网络的特点进行展开。

根据前文对城市群干线网络和脆弱性的论述，对应脆弱性评价流程，从量化指标、计算方法和出行模型三个方面进行脆弱性评价。

1）量化指标

脆弱性评价指标根据研究对象不同，可分为复杂网络指标和交通流指标。一般情况下会将干扰事件发生前后路网性能指标值的差或商作为脆弱性的量化值。

（1）基于复杂网络理论的脆弱性指标。

脆弱性产生的“原因”和“后果”均与网络形态有关，故利用复杂网络理论对脆弱性进行量化分析。基于复杂网络理论的指标有很多，从研究对象可以分为网络整体指标与个体指标，前者如聚类系数、网络效率等，后者如中间中心度与介数等。常用复杂网络理论指标见表4-3。

常用复杂网络理论指标　　表 4-3

指标名称	计算公式	含　义
度	$k_i=\sum_i a_{ij}$	表示点拥有边的数量，以及点与点之间的连接紧密度
平均最短路径长度	$L=\frac{1}{N(N+1)}\sum_{i,j\in V(i\neq j)} d_{ij}$	网络所有节点之间距离的平均值，描述网络中节点的分离程度
聚类系数	$C=\frac{1}{N}\sum_i \frac{2N_i}{k_i(k_i-1)}$	该节点的邻居节点之间实际存在的边数 N_i 与实际存在的边数的比值，描述网络中节点的距离程度
网络效率	$Z=\frac{1}{N(N-1)}\sum_{i,j\in v,i\neq j}\frac{1}{d_{ij}}$	表示网络中传递信息的效率
介数	$B_i=\sum_{i,j\in V(j\neq k)}\frac{n_{jk}(i)}{n_{jk}}$	网络中所有的最短路径中经过该节点的数量比例

表4-3中各符号的含义分别为：a_{ij}表示邻接矩阵内元素值，N表示网络中节点的个数，d_{ij}表示节点v_i与节点v_j之间的最短距离，N_i表示节点v_i的k_i个邻居节点之间实际存在的边数，n_{ij}是连接点v_j与点v_k之间的最短路径的数量，$n_{jk}(i)$为点v_j与点v_k之间的最短且经过点v_i的路径数量。

（2）考虑交通流特征的评价指标。

路网是为交通流所服务的，干扰事件将导致交通流发生一定程度的变化，而以物理距离为基础的复杂网络无法反映干扰事件对交通流的影响。由上文分析可知，拓扑结构指标从网络结构脆弱性出发，而基于可达性的指标从网络需求脆弱性出发，两者均体现了路网脆弱性的某一方面。同时无论路网拓扑结构是否发生了变化，其路网通行条件均发生了改变，且路网遭受事件所造成的负面影响也由路网上的出行者承担。因此本书基于Jenelius提出的暴露度理论建立评价指标。此外，脆弱性指标必须能体现事件发生对路网的影响程度，必须采用同一个单位来进行衡量，这是一般性指标所需要满足的要求。因此脆弱性指标的选取应同时考虑到识别脆弱性的目的，即最终在于通过各类措施来改善网络，而投资成本往往用经济指标来表示。综合上述两点，本书选用广义出行成本的损失量作为脆弱性的评价量化指标。

2）评价方法

目前应用最广的脆弱性评价方法为节点删除法，按照其计算流程需要根据前后路网拓扑进行两次全网分配。对于小规模网络而言，节点删除法已经可以充分满足评价需求；但对大规模网络而言，进行全图性流量分配流量的计算量相当大，且计算量伴随网络的规模增加呈现指数型上升，可能因耗时过长从而失去研究价值和意义。大量学者所做的相关研究已经证明了这一点。同时，分析方法可以根据是否考虑时间维度划分为静态与动态方法。根据前文分析，城市群干线网络对拥挤所产生的负面效应较低，网络对于新均衡态的演化也能较快地完成，并不存在类似于城市路网中脆弱性随时间可能产生较大变化的情况。因此，考虑到交通流演化特征与计算量，从实际需求上来说无须对干线网进行动态评价。

一般基于交通流的节点删除法脆弱性计算流程图如图 4-4 所示，具体说明如下。

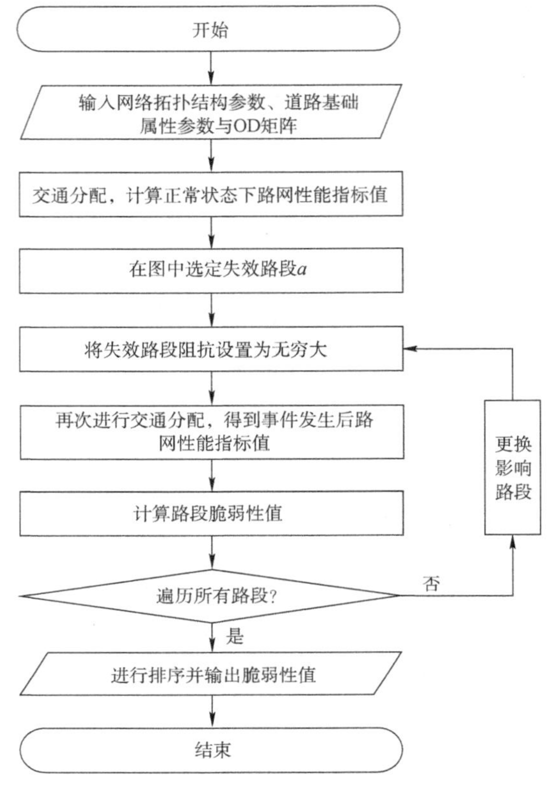

图 4-4　节点删除法脆弱性计算流程图

步骤 1：初始化。输入路网图 G 的拓扑信息（节点集合、路段集合、连接关系矩阵）、道路基础数据（单车道通行能力、车道数量、道路类型、道路长度、自由流时间、阻抗函数相关参数值等）与 OD 矩阵。

步骤 2：进行交通流量分配。根据路网性能指标的相关计算参数来计算指标值的大小。

步骤 3：选定失效路段 a，其中 $a \in E$。

步骤 4：从路网中删除失效边 a，或将其阻抗取为无穷大。

步骤 5：其余路段阻抗保持初始阻抗，再次进行交通分配。

步骤 6：根据第二次交通分配的结果来计算事件发生后指标值的大小。

步骤 7：计算该路段失效后果的脆弱性值，判断是否遍历所有路段。若结果为否，则选择另外一条道路，转入步骤 4；若结果为是，按脆弱性值对路段进行排序并输出结果，算法结束。

3）出行模型

根据前文对城市群干线路网脆弱性评价要点的分析，城市群干线网络为一个层次分明、存在收费路段的网络结构。若在交通分配中采用 BPR 函数作为阻抗函数，高速公路的阻抗将明显比普通国省干线低，大量交通将分配至高速公路上。为了避免此现象的发生，本书对路阻函数进行修正，统筹考虑该路段的时间和费用，从而解决在实际路网运行过程中驾驶员对待出行时间及出行收费的转化问题，将驾驶员实际行驶情况下的多目标决策通过单位变化改成单目标决策问题。

（1）出行费用。

车辆在路段上的出行费用受到多种因素的影响，一般来说，最主要的收费为通行费用。选择不同道路也会导致车辆通行费用的不同，如高速公路与部分国省干道的收费就存在较大差异。因此，本书将出行费用分为运行费用与道路费用两部分。

行驶在路网上的车辆有多种类型，各类车型在不同道路上的比例不同，不同道路上不同车型的运行费用（损耗）也不同。车辆损耗一般包括燃油费、修理费和折旧费等，为使计算简便，本书仅考虑燃油费。

道路费用方面，目前我国道路收费包括高速公路收费以及部分国省道路收费，第二类收费方式目前已经逐渐淘汰，因此，本书只考虑高速公路收费情况。

（2）车辆换算系数。

从上述分析可知，各类费用往往因车辆类型不同存在较大差异，且不同类型的货车、客车，对通行速度和通行时间的影响也存在较大差异。因此，须将城市群干道网络作为多用户网络来进行分析。考虑到计算成本以及处理的方便性，大量学者往往对各车辆进行当量换算，将各类车辆转换为当量小汽车（Passenger Car Unit，PCU）统一进行分析处理。对于城市道路而言，当量换算系数的取值主要考虑不同车辆对交通的影响程度，而对公路网而言，换算系数还需要考虑各车型的费用。本书直接引用夏晓梅等关于公路网车辆换算系数的研究成果，各车辆换算系数见表 4-4。

车辆换算系数表 表 4-4

车型	小型客车	中型客车	大型客车	小型货车	中型货车	大型货车
容量	≤ 7 座	8~19 座	＞ 19 座	≤ 2t	2~7t	＞ 7t
换算系数	1.0	1.0	1.5	1.0	1.5	2.0

（3）参数标定方法。

基础参数的确定，主要有路阻函数、交通分配参数以及路网参数三部分。根据四阶段法，交通分配所需要的基本数据包括路段基础数据以及交通分布数据，其中路段基础属性值有路段长度、通行能力、速度、自由流时间、道路类型、车道数量、通行费用、运行费用几部分，交通分布数据包括交通小区、各交通小区的生成交通量以及各交通小区之间的交通分布量。

（4）长度。

将 WGS-84 BL 地理坐标系转化为 Beijing 1954 3 Degree GK CM 120E 投影坐标系，并以此计算空间距离长度。

（5）通行能力。

按照《公路工程技术标准》（JTG B01—2014）的设计通行能力进行取值，取值标准见表4-5。

各道路类型单条车道通行能力取值［单位：pcu/（h·ln）］　　表4-5

道路类型	设计速度（km/h）			
	120	100	80	60
高速公路与快速路	1650	1600	1500	—
一级公路	—	1400	1250	1100
二级公路	—	—	900	800

（6）设计速度、车道数量和道路类型。

将广东省数据开放平台内“广东省公路路段基本信息”作为数据输入。其余参数均按照前文所述进行计算，从而得到1697条边的基本属性值。

（7）交通生成点。

交通生成点是绘制交通小区后所形成的质心，代表了交通小区内部的交通集中点。由于交通小区所形成的质心连杆将导致网络发生改变，本书直接选用路网节点作为交通生成点，考虑到实际情况，所有交通生成点均位于普通国省干线与快速路节点处，且位于区域中心。

（8）生成交通量与分布交通量。

考虑到出行需求由经济活动产生，故按照各区（县）行政区的经济总量进行分布，并以此为交通小区，结合实际情况选择交通生成点，同时适当考虑外部交通流量，最终形成OD矩阵。其中，中山和东莞两个不设市辖区的地级市采用发展规划中的组团与片区概念来划分。

（9）路阻函数。

以深莞惠跨界交通流量调查数据作为数据源，选取多个OD对，并利用SPSS进行最大似然估计拟合，并将其视为整个研究路网区域的参数取值，其中时间以分钟为单位进行标定，得到参数标定值见表4-6。

研究路网的路阻函数标定值　　表4-6

参数	k_1	k_2	$R\text{-}S_q$
取值	0.0194	0.0168	0.9624

注：k_1、k_2代表的一个区域的用户对时间和费用的感知；$R\text{-}S_q$代表调整方差。

4.2.3 脆弱性评价结果

将各道路基础数据匹配至道路连接矩阵上，利用F-W算法进行交通态势分析，使用用户均衡分配模型对网络流量进行分配，得到各路段交通流量和各路径流量。将各路段分配结果利用GIS进行可视化。

本研究路网流量集中于广莞深、广佛之间的通道上，相比而言，肇庆、江门等道路交通流量偏少。此外，大多数现实中拥堵点其交通流量也均处于高位，如虎门大桥、京港澳高速公路等，证明了本书OD数据及基础数据选择的合理性。结合道路等级来看，对于同一区域的道路网络，高速公路的流量普遍高于普通道路，说明高速公路网络在城市群干道网络中占据着主要地位。此时道路网络全网交通运行成本总和为1969.5万元/小时。

利用节点删除法对全网各条道路进行脆弱性计算与仿真分析，运算平台为搭载Inter® Core ™ i5-4200M 2.50GHz CPU的个人计算机，利用MATLAB R2014a版本单线程计算。考虑到计算量因素，取交通分配迭代精度为0.001，完成1697条道路脆弱性计算，共耗时约5.8天。根据其他文献结果来推算，该耗时基本符合预期。

通过对各路段失效后果的仿真分析得到失效后果严重的边，再利用GIS对各边脆弱性值进行量化排序。可以发现，路网脆弱性最高的边为莞佛高速公路虎门大桥，一旦该边失效，每小时损失最低金额数为1067035元。脆弱性较高的边主要集中在珠江两岸的连接道路及广州、深圳的连接道路上，其他区域路段脆弱性相对而言较低。

一般来说，影响单条路段脆弱性值大小的因素主要有两个：出行需求和可替代道路情况。在佛山、广州和四会连接区域，尽管交通流量较大，但其道路脆弱性相对较低。观察低密度路网区域，例如连接封开县到怀集县的省道266线（莫河线—汕昆高速公路段）和连接惠东县至汕尾的省道356线（蓝多线—河汕线段），这两条路段在网络中均为无替代道路，基于其交通需求量的差异性，省道356线的脆弱程度显著高于省道266线。

对各边的流量和 V/C 值（实际交通量和通行能力的比值）进行排序，利用斯皮尔曼等级相关系数来计算流量排序与脆弱性排序的相关性，其值分别为0.726和0.688，表明两排序具有较高的关联性。此外，路段脆弱性与路段流量具有明显相关性，流量较大的路段一旦失效，则转移交通量所带来的成本损失将会更大。

综上可知，对于单条边脆弱性而言，其主要影响因素为需求和替代道路，高路网密度区域决定性因素为可替代道路的情况，在低密度区域时需求水平因素则变得更为重要。脆弱性较高的各路段见表4-7。

脆弱性较高的各路段列表 表4-7

排　序	路段名称	脆弱性值
1	莞佛高速公路（虎门大桥段）	1067036
2	高横线（蓝多线—河汕线段）	738130.4
3	广深沿江高速公路（莞佛高速公路—外环高速公路段）	527551.3
4	广州绕城高速公路（清龙线—广深沿江高速公路段）	413800
5	莞佛高速公路（新联支线—京深线段）	381904.3
6	京港澳高速公路（莞佛高速公路—惠庙线段）	348065.1
7	莞佛高速公路（京深线—龙大高速公路段）	310339.7

续上表

排序	路段名称	脆弱性值
8	广珠线（十水线—南沙港快速路公路段）	305799.5
9	京深线（广州环城路—莞佛高速公路段）	294056.4
10	广珠线（十水线—翠景路段）	292842.8

4.3 重要路段分析

基于上一节中考虑了路网的拓扑性质和交通量，通过模型验证和科学的分析，得到了粤港澳大湾区广东省内主干路网中脆弱性较高的路段。本节把重大节假日易拥堵路段纳入考虑范围，得出各重大节假日期间的重要路段。

路段的脆弱性值较高，说明该路段的交通流极易受到干扰，且被干扰后对整个路网的交通效率影响较大，造成的损失较严重。如果某一路段脆弱性值较高且又是易拥堵路段，或某一脆弱性值较高路段与易拥堵路段临近，则将其视为重要路段。

4.3.1 春节假期

对比表 4-7 和表 3-10~ 表 3-12，得出春节假期的节前、节中、节后重要路段。

（1）节前：莞佛高速公路（花灯盏大桥—五点梅立交段，太平立交—威远立交段）、广深沿江高速公路（外环高速公路—莞佛高速公路段）、广州绕城高速公路（笔村立交—化龙立交段）、广州环城高速公路（沙贝立交周边）。

（2）节中：莞佛高速公路（太平立交—威远立交段，坦尾立交—虎门大桥段）。

（3）节后：莞佛高速公路（太平立交—威远立交段，坦尾立交—虎门大桥段）、广州环城高速公路（沙贝立交周边）。

4.3.2 清明节假期

对比表 4-7 和表 3-13、表 3-14，得出清明假期出城和返程高峰期间的重要路段。

（1）出城：莞佛高速公路（花灯盏大桥—五点梅立交段，太平立交—威远立交段）、广深沿江高速公路（外环高速公路—莞佛高速公路段）、京港澳高速公路（火村立交—萝岗立交段）。

（2）返程：莞佛高速公路（坦尾立交—虎门大桥段）、广州环城高速公路（沙贝立交周边）、广澳高速公路（南沙港快速公路出口—莞佛高速公路出入口段）。

4.3.3 “五一”劳动节假期

对比表 4-7 和表 3-15、表 3-16，得出“五一”劳动节假期出城和返程高峰期间的重要路段。

（1）出城：莞佛高速公路（太平立交—威远立交段）、广深沿江高速公路（外环高速公路—莞佛高速公路段）、广州环城高速公路（沙贝立交周边）。

（2）返程：莞佛高速公路（花灯盏大桥—五点梅立交段，太平立交—威远立交段）、广澳高速公路（南沙港快速公路出口—莞佛高速公路出入口段）、沈海高速公路（观澜大道出入口—清湖立交段）。

4.3.4 国庆节假期

对比表 4-7 和表 3-17、表 3-18，得出国庆节假期出城和返程高峰期间的重要路段。

（1）出城：莞佛高速公路（太平立交—威远立交段）、广深沿江高速公路（外环高速公路—莞佛高速公路段）。

（2）返程：莞佛高速公路（南沙服务区—虎门大桥段）、广澳高速公路（南沙港快速公路出口—莞佛高速公路出入口段）。

通过对以上重要路段进行分析可以看出，重大节假日期间出行高峰期间出城和返程的重要路段集中分布在虎门大桥东西两侧和广州北出口方向，且部分路段在多个重大节假日期间均为重要路段，具体如下：

（1）莞佛高速公路（太平立交—威远立交段、坦尾立交—虎门大桥段）。

作为连接粤东与粤西的咽喉要道，虎门大桥至关重要。每逢节假日出行高峰，以深圳为核心的粤东城市群汇集了大量车流去往粤西方向，集中于莞佛高速公路（太平立交至威远立交段），通过虎门大桥达到粤西、广西等地；返城高峰时，同样大量前往粤西、广西等地的车流集中于虎门大桥西侧莞佛高速公路（南沙服务区—虎门大桥段），通过虎门大桥返回粤东各地。

（2）广深沿江高速公路（外环高速公路—莞佛高速公路段）。

深圳、东莞方向出行的车流在此汇集，通过虎门大桥去往粤西、广西等地，或沿广深沿江高速公路北上前往广州、湖南等地。因此该路段车流量较大，极易发生拥堵。

（3）广州环城高速公路（沙贝立交段）。

沙贝立交是广州方向车流出城前往粤西、广西等地的重要路段，同时也是佛山、江门等地北上前往湖南、江西等地的关键路段。因此，每逢出行高峰，该路段便汇集大量的车流，引发拥堵。

（4）京港澳高速公路（济广高速公路出入口—京港澳高速公路出入口段）。

深圳等粤东方向的车流经此路段北上湖南、江西等地，同时，广州、粤东等方向的车流也会经此路段北上，从而导致高速公路超负荷运行，引发拥堵。

（5）广澳高速公路（南沙港快速公路出口—莞佛高速公路出入口段）。

该路段汇集粤东方向经虎门大桥前往粤西以及广州方向前往粤西方向的客流，是粤西与粤东、广州方向互通的核心路段，节假日期间该路段交通压力巨大。

4.4 道路运输管控方案

道路运输管控方案主要包括重要路段、重要路段匝道及主干路网三个方面。

4.4.1 重要路段管控方案

重要路段的管控方案主要包括通道控制分流、服务设施管控、拥堵路段管控三个方面。

1）通道控制分流

通道控制指以高速公路为主体，把匝道及附近的平行道路、联系道路、城市干道组成一个整体系统进行控制，从而使整个通道系统在最佳状态下运行。其基本原理为监测通道系统中所有道路，将超载道路上的交通量引导至通行能力有剩余的道路上来。主要操作方法以信息通告为主，通过交通广播、引导标志、指示标志、交通警察匝道值守等方式告知驾驶员可替代的道路及其现状通行情况，帮助驾驶员通过多种信息来熟悉路网实际情况，从而作出合理决策。

2）服务设施管控

狭义的服务设施主要包括加油站、收费站以及服务区等。广义的服务设施包括路灯、道路路面状态、交通标志标线、道路机电系统、桥梁等。一般来说，对于各类服务设施，其管理具有不同的特性。

对于广义的服务设施，各高速公路运营单位应加快高速公路入口检测设施的建设及升级改造，拒绝超限超载车辆进入高速公路，加强安全隐患排查，重点对高边坡、长大桥隧、标识标志、绿化树木、路面积水、收费站机电设备等进行检查。

桥梁及隧道方面，加强危桥及隧道的应急管理，按要求严格实施限载或封闭等交通管制、病害监控措施，防止桥梁垮塌、隧道塌陷事故发生。

道路施工养护方面，重大节假日期间高速公路施工原则上一律暂停。特殊情况不能停止的，要做好施工现场安全管理，设置规范醒目的安全标志和警示标志。强化交通组织安排和监督管理，制定交通疏导方案，设置明显的交通疏导标志，派员现场驻守指挥，避免交通堵塞，确保施工路段安全。督促救援服务单位加强清障、施救装备增补和维护，配备足够的救援车辆、设备和人员。重要路段就近部署至收费站、服务区、枢纽等。

收费站应合理布置收费车道和免费通道，避免收费车辆与免费车辆混合通行。充分利用收费设备和人力资源合理调整车道，积极推行人工半自动车道手机移动支付，提高通行能力。

服务区方面，应加大服务区油料、物资的储备和供给，加油站采取“两人一机”“整额不找零”和“预开整额发票”等措施提高服务区的保障能力。当服务区加油车辆排队至主干道造成入口拥堵时，要关闭入口，引导车辆从附近收费站出站加油。

3）拥堵路段管控

造成交通拥堵的因素一般可以分为几何因素、运行因素和随机因素三类。

几何因素造成的交通拥堵主要有：在高速公路车道数减少的地方容易出现交通拥堵；转弯比较急的平曲线处，因通行能力降低而引起交通拥堵；纵坡对车辆，特别是对大型车辆的影响较大，进而影响后面跟随的车辆，从而引起交通拥堵；车道宽度、侧向间隙、车道数、路面条件、匝道设计等都会影响道路的通行能力，从而引起交通拥堵。

运行因素主要有：交通需求超过容量、入口匝道不受限制、出口匝道排队、收费站收费。

随机因素主要有：交通事件、交通事故、不利的天气条件及道路维护等。因随机事件而产生的交通拥挤属于非周期性交通拥挤。随机事件虽然发生次数不多，但它对高速公路干道运行的影响十分严重，可能阻塞高速公路干道车道或限制其通行能力。

由于节假日交通量激增，上述因素诱发拥堵的概率迅速增加。交通拥堵路段的出现，易引发交通事故及较大层次的经济损失，使得节假日出行受到不良影响。

发生拥堵主要是因为车流从各方向汇集到重要路段，接近甚至超过了路段通行能力。因此，交通组织的重点主要分为两个方面：一是引导绕行，避开重要路段；二是通过匝道控制强制分流，将车流控制到可行路段上。绕行分流是一种提醒和预防措施，一方面在拥堵前告知驾驶员，引导驾驶员绕行，避免重要路段发生拥堵；另一方面在得知前方重要路段发生拥堵后为驾驶员提供绕行方案，避免加剧拥堵，造成极大出行延误。

4.4.2 重要路段匝道管控方案

入口匝道控制是改善高速公路交通状况最有效的方法之一。入口匝道控制能极大地减少旅行时间并降低事故发生率、燃料消耗量。从控制方法上，主要可以分为封闭匝道法、匝道定时限流控制法和匝道感应调节控制法。

封闭匝道法即关闭匝道，将匝道的交通需求调整到可替换的道路上去。此控制方法需要附近有互通式立交或良好的道路可供绕行。

匝道定时限流控制法指根据实际需求和历史需求的容量关系来选择调节率的一种机械调节方式。这种控制方式是根据对历史情况的调查资料，掌握交通流的统计情况，把一天分为若干个时段，假定每个时段内交通流状况近似不变，以此作为依据来确定每个时段内单个匝道不变的入口调节率。

匝道感应调节控制法指在高速公路干道上和匝道上都装有检测器，以获取交通信息，根据不同的控制方案，通过本地控制器和中心计算机，实施限流控制，限流率可依据交通信息作相应调整。

从控制范围上，可分为局部匝道控制、系统范围或整体协调控制。

局部匝道控制指基于单独匝道表现出的交通状态而不是基于沿着高速公路的区段、

沿着高速公路的通道或者整个区域内的高速公路网的交通状态选择调节率的过程，不需要大范围建立复杂的匝道间的影响关系。局部匝道控制往往因为控制方法简洁并且能够直接对相邻路段进行及时的控制而取得较好的控制效果。

系统范围或整体协调控制指在决定单个匝道的调节率时要考虑超过这个匝道邻近区域的交通状态条件，被用于高速公路的区段、整个通道或者一些高速公路通道甚至高速公路的路网中。相比局部控制，它在处理发生延误、碰撞、道路封锁时的通行能力减少更加富有弹性。整体协调控制系统也是包括单独或局部控制功能的，以保证即使在通信中断的情况下匝道调节仍能够运行。

一般来说，入口匝道控制方法需要满足以下条件：

（1）在通道内应该有可供使用的额外容量（即可替换的路线、时段或运输方式）。它们不仅能容纳从高速公路上转移来的交通量，而且也能容纳原来就使用它的正常交通量。

（2）在入口匝道上应有足够的停车空间，在实施匝道控制时，使匝道上的排队车辆不致延伸到堵塞引道或平交道路，保证排队车辆不会严重影响相交道路的交通。

（3）交通模式必须合适，如果短途旅行和地区性交通的比例很小，把入口匝道控制作为鼓励人们使用通道上可替换道路的一种手段，则意味这种交通转移将会很少。

（4）为节省行程时间，在高速公路下游出口处必须有可利用的容量，否则，仅使交通瓶颈向下游移动，对匝道控制无益。

（5）由于匝道会合不充分、视距不良等因素，会在高速公路上引发常发性拥挤或严重事故，因此，需要根据道路实际情况选择合适入口匝道控制方法。

4.4.3 主干路网管控方案

主线管控的目的在于提高干道公路运行的安全水平和效率，缓解主线上的交通拥堵和交通瓶颈对交通的影响，其主要方法包括以下六个方面。

（1）优先通行权控制。优先通行权控制指为使用高速干道上的公共汽车、合乘车和其他优先通行车辆提供优先处理，其基本目的是鼓励使用高占有率的车辆，从而降低高速公路干道上总的交通需求。

（2）可变车速控制法。设置可变限速标志，指示随交通状况变化的限制车速，向驾驶员预告前方交通拥塞和通过瓶颈路段，驾驶员应按指示的限速行驶。可变限速标志指示的车速能使车流平稳，车速均匀，从而提高通过瓶颈路段的通行能力。

（3）封闭主线车道法。该方法采用车道封闭标志来提高高速公路干道的使用效率。

（4）可逆车道控制法。高速公路干道在高峰时期，交通量将会出现较大的方向不平衡性，这种不平衡在将来若干年内仍会存在，较为合理的解决办法是设计可逆车道。

（5）驾驶员情报系统。驾驶员情报系统主要向高速公路上的交通参与者提供实时交通状态信息从而实现动态交通需求管理。该系统利用可变信息标志牌或通信工具向驾驶员提供有关道路、交通或气象等信息，促使驾驶员采取适当的措施，引导驾驶员采用合理的车速与路径，以缩短行驶时间。

（6）提前 / 推后进行道路管养。在考虑节假日的情形下，将常态道路养护与施工作业提前至节假日前或节假日后，尽量避免由道路养护施工而导致道路通行能力的降低，保障整体网络供给资源，全力为运输需求服务。

结合以上方法，提出以下主干路网的宏观管控措施。

（1）公共交通和大容量交通优先控制。通过车道控制，将各类车型分隔开，对公共汽车等大容量的交通方式给予适当的优先权。这样做一方面是保证公共交通的正常通行，另一方面是通过优先通行的便利，提高公共交通吸引力，诱导公众选择公共交通方式出行，从而减少道路上的车辆数，减轻路网的交通压力。

（2）设置可逆车道。每逢节假日，都会形成出城和返程两大高峰，必然会存在行车方向的不均衡性。为充分利用道路资源，提高车道利用率，可在高速公路上适当开辟可逆车道，并辅以车速检测和车速控制，以保障行车安全。

（3）完善驾驶员情报系统。通过完善的驾驶员情报系统实时传递道路网的运行情况、禁行和限行等交通管控措施。同时，合理引导交通分流和绕行，给旅客出行增添便利，给交通管理减轻压力。

（4）合理管控车道占有和车流密度，提高路网容错性。确保应急车道畅通，严禁用应急车道来满足大的交通量需求。另外，其他车道的车流密度也应采取适当的管制措施，为突发事件的组织疏散留有余地。

（5）严格交通执法。交通管理措施及管控策略能有效实施，交通执法是必要保证。同时，严格执法也是打击违法载客、违规运行，保障交通安全的必要手段。

（6）服务设施管理。首先，加油站必须加大油量储备，并做好防火防爆等安全准备；其次，服务区要做好食品、饮用水等物资的储备。最后，必须做好服务区的客流组织和应急预案。

（7）交通应急管理。做好应急预案，在重大节假日居民出行过程中遇到突发事件时，在保证居民安全的前提下，及时保证道路畅通，提高应急处理效率，保障交通安全和行车秩序。

5

粤港澳大湾区节假日道路运输产品规划

运输产品是指运输供给方使用运输工具和设备向需求方提供各类旅客和货物空间位移的服务，是运输产业各个品种、品牌产品的总称。本章在对道路运输产品的定义及流程进行描述的基础上，结合粤港澳大湾区的实际特点，对道路运输生产与服务计划进行阐述，并探讨信息化技术在道路运输组织中的应用。

5.1 粤港澳大湾区节假日道路运输产品

运输产品和其他行业的产品一样，包括各种类别、品种、品质、价格等的具体位移产品。例如，按产品类别分，可分为旅客运输产品、货物运输产品、行李包裹运输产品等；按产品品种分，可分为短途产品、区间产品、直达运输产品等。人们对个体位移或者货物位移这种运输核心产品的需求一般是不会发生变化的，但是不同时期对运输产品的质和量有着不同的需求。如何把握未来一定时期社会对运输产品的需求，根据自身运输供给特征及能力、市场上运输提供方之间的竞争方式及程度，为运输需求提供合适的产品类型、适当的产品数量，是运输产品规划所要解决的问题。由以上分析可知，影响运输产品规划的主要因素包括运输需求因素、运输供给因素以及市场上运输提供方之间的竞争因素。

为了有效应对重大节假日期间激增的道路交通运输需求，满足多样化的客运及货运需要，本书将分别从客运和货运产品规划两个方面进行分析。

5.1.1 节假日道路旅客运输产品

旅客运输产品的核心是旅客的空间位移，代表了旅客购买运输产品所要得到的最基本利益。现代旅客运输产品的概念由三个层次组成，分别为实质产品层、形式产品层和附加产品层。实质产品层是旅客的位移，是客运产品向旅客提供的基本效用（地点效用），是旅客运输产品的核心内容，也是旅客运输基本生产过程空间上的特定性要求。形式产品层是可供旅客选择乘坐的不同级别的列车（航班等）或同一等级列车中的不同席位（软席、硬席），这是实质产品层借以实现的形式，是运输企业为旅客运输市场提供的实体和劳务形象。附加产品层是客运企业提供给旅客的购票、候车、行李托运、车（船、飞机）上旅行服务、行包的接取送达等各种服务和延伸服务。

重大节假日期间，粤港澳大湾区旅游、探亲等需求激增，造成运输储备不足、运力供不应求、运力供给结构不平衡，同时，对旅客运输产品安全、迅速、经济、便捷以及舒适等质量特征提出了更高的要求。针对以上特点，旅客道路运输产品规划应从以下方面入手：

（1）应积极挖潜扩能提效，做好运输调度，增加车辆储备。节假日前夕，交通运输部门应根据往年经验和近期的迹象，对节假日运输需求作出合理的预测，根据预测建立适当的车辆储备，合理调配运力，协调社会运力、外省运力，做到统一指挥、统一调度，确保供给及时有效。中心城市要增加城市内商业密集区及城市周边旅游景区、景点的公交车辆，方便市民乘坐。

（2）优化旅客运输产品结构。不同节假日期间的出行需求存在着较大差异，应结合粤港澳大湾区各节假日的出行需求特征和发展趋势，有针对性地优化客运产品结构。例如，针对端午节假期较短、中短途客流增势迅猛的特点，应重点增加中短途旅客运输产品的供给。

（3）应科学组织调度，应对各种突发情况。节假日期间，运力安排坚持客源地管理机构负责的原则，客源地运力不足时，经客源地和车籍地市级管理机构协商同意，可组织企业条件、车辆技术状况和类型等级符合有关规定的外地营运客车支援运力。客运站要做好城市公交组织调度，重点组织好火车站、汽车站、码头、机场等旅客较为集中地点的城市公交调度工作，通过增投运力、加密班次、延长运营时间等有效措施，提高旅客中转换乘速率。

5.1.2 节假日道路货物运输产品

货物运输产品的核心内容是根据用户需求提供货物位移的服务。运输需求者在选择具体的道路货物运输产品时考虑的主要因素包括经济性、实效性、便捷性、安全性以及运输过程中的透明性。在重大节假日期间，道路运输供给与需求的不平衡对道路货物运输产品的时效性、便捷性有很大的影响。同时，由于节假日期间道路车流量较大，给道路货物运输产品的安全带来了极大的挑战。

针对以上问题，重大节假日道路货物运输产品规划应从以下方面展开：

（1）优化货物运输产品结构。针对不同节假日的特殊货物运输需求，如清明节、端午节、春节等对不同类型产品的需求，有针对性地优化运输产品结构，增设冷链运输、特定地点场所的货物运输产品等，满足节假日期间特殊的货物运输需求。

（2）提供灵活的快速货物运输产品。针对重大节假日期间突发、快速的货物运输需求，以及人流密集区域突增的运输需求，增加中短途、灵活、快速的货物运输产品，加快重大节假日期间的货物流转，以及应急货物的运送。

5.2 粤港澳大湾区节假日道路运输生产与服务计划

道路运输的作业过程是一个多环节、多工种的联合作业系统，是社会客运必不可少的重要服务过程，是公路客运运输业的劳动者运用车辆、接驳设备、承载装置、场站设置等，通过各种作业环节，将出行者这一运输对象，从始发地运送到目的地的全过程。

5.2.1 道路运输生产与服务过程

道路运输生产与服务过程主要由四部分组成，即运输准备过程、基本运输过程、辅助运输过程和运输服务过程。

（1）运输准备过程。运输准备过程指出行者在出行前所进行的准备过程，包括交通工具的预定、行程分解和行程确认。出行者在制定行程规划时，要综合考虑粤港澳大湾区内不同城市的不同情况，包括城际、城市内部的交通网络与路段运输现状，合理规划行程，避开拥堵路段，从而有效提高出行效率。

（2）基本运输过程。基本运输过程是运输过程的主体，是指出行者从出发地至目的地完成其空间位移的生产活动，包括出行服务接口、主体出行过程、出行无障碍服务系统等作业过程。

（3）辅助运输过程。辅助运输过程是指为保证基本运输过程正常进行所必需的各种辅助性生产活动。辅助运输过程本身不直接构成出行者的运输活动，它主要包括智能售票、运输车辆的维护保护与修理作业，以及行车事故的预防与处理工作、营业收入结算工作等。

（4）运输服务过程。运输服务过程是指服务于基本运输过程和辅助运输过程中的各种服务工作和活动，包括出行者在运输过程中的餐饮、购物、住宿以及旅行服务，物品储存、保险业务等也属于运输服务过程。此外，应考虑到交通应急预案及事故处理，做好救援工作。

5.2.2 以 MaaS 为导向的运输生产与服务计划

运输生产与服务各个过程既相对独立，又相互关联。以 MaaS（Mobile as a Service，出行即服务）理念为导向的道路运输系统建设，能够将运输生产与服务的各个过程有机结合起来，从而提高道路运输系统的运输效率与服务质量，并大幅提高公众的出行效率和出行质量，增强公共交通系统的吸引力，减少道路上的私家车数量，缓解交通拥堵。粤港澳大湾区作为国内的先行区和示范区，需充分发挥公共交通系统在解决节假日交通拥堵问题中的重要作用，建设以 MaaS 理念为导向的高效的道路运输网络。MaaS 体系建设主要包括以下内容：

（1）整合不同的交通出行方式。其核心在于整合不同的交通运营商，协调它们的服务运输。即将不同的交通运营商进行整合，并建立强大的数据分析后台，协调相互之间的运营。

（2）建立一体化支付体系，并协调各交通运营商的利益分配。服务商通过手机界面为用户提供服务并收取费用，以便达到支付一体化的效果。一体化支付体系还需统筹银行、公交卡和微信等其他移动支付方式，并综合需考虑各运营商的成本和在出行服务中的贡献来进行利益分配。

（3）采集用户出行和运营车辆数据，改善出行服务。出行服务的改善离不开对用户出行需求的准确把握，需要采集用户关于出行起终点、出行时间、出行方式等方面的数据。另外，还需要交通运营商在运营车辆上加装数据统计设备，实时掌握车辆的实时定位、是否准时、共享交通的车辆状况等信息，以针对用户需求提供精准、个性化的服务。

5.2.3 粤港澳大湾区节假日运输生产与服务体系建设

按照零距离换乘、无缝化衔接的目标，完善重大交通设施布局，积极推进干线铁路、城际铁路、市域（郊）铁路等引入机场，提升机场集疏运能力。加快广州—深圳国际性综合交通枢纽建设。推进大湾区城际客运公交化运营。构建现代货运物流体系，加快发展铁水、公铁、空铁、江河海联运和“一单制”联运服务。加快智能交通系统建设，推进物联网、云计算、大数据等信息技术在交通运输领域的创新集成应用。

（1）建立高效的多模式运输网络。道路交通运输系统中的交通方式包括公交车、出租汽车、私家车、自行车、网约车、步行、长途巴士等多种，每一种交通方式均有其各自的优势和不足，建立高效的多模式运输网络，能够实现不同交通方式的相互衔接、密切配合，从而提升系统的运输效率。道路多模式运输系统建设主要包括两个方面的内容：一是城市内部的多模式交通系统建设，需完善常规公共交通的运输网络，实现常规公交与轨道交通、常规交通与慢行交通的密切配合；二是城际多模式交通系统的建设，需完善城际巴士与市内多模式交通系统的衔接及城际巴士与其他城际出行交通方式的优势互补。

（2）建立完善的综合运输服务平台。建成具有出行路径规划、一体化支付和信息共享功能的综合运输服务系统。首先，能够为用户提供多样化、个性化的出行方案；其次，通过一体化支付技术收取出行服务费用，减少用户购票取票的过程；最后，收集运营车辆、出行者等相关信息及数据并保存到云端，交通管理部门、交通运营部门、科研工作者及交通参与者等可以通过特定的端口获取相关数据，从而实现道路运输系统的数字化、信息化和科学化管理及运营，并能不断完善道路运输及管理系统。

（3）建立智能化的道路交通管理与调度系统。通过高清摄像头、通信卫星、雷达、检测器等硬件设施收集道路运输网络的交通流及基础设施信息并汇总到系统中，通过人工智能、大数据分析等技术实现对交通流运行状况及基础设施状态的动态把控，并对交通流运行及基础设施进行科学化管理；通过实时的检测与监视，有效地组织调度交通流，提高行车速度，减少停车次数和停留时间，缩短平均行程时间，缓解交通拥堵。

（4）建立完善的监督管理与协调机制。需要加快 MaaS 的信用体系建设，例如建设各利益相关体信用积分制度与诚信黑名单制度，规范消费者、交通运营商、MaaS 服务提供者、管理者的行为规范，使平台的运营得到良好的监督管理。运输企业也要将数据开放共享，例如火车准点率、地铁到站信息等，并将这些信息标准化，进行整合分析，不同部分之间可进行有效交流，从而实现 Maas 体系的互相协调统一。

（5）建立全面系统的应急保障机制。建立更加具体的应急预案，针对各种可能的交通流运行状况及道路交通安全事故制定分类、分级的“一对一”应急预案，以应对各种可能的突发状况。在突发事件的情况下，最大限度地保持出行的连续性。出行者本身更快速地获取自己的交通信息，在平台的指导下结合自己的判断作出突发事件发生后的最优选择。

5.3 信息化技术在道路运输组织中的应用

道路运输信息化是指在国家及道路运输相关管理部门的统一规划和组织下，在道路运输建设、运营和管理等领域全面深入地应用信息技术，系统地将道路运输管理运营和服务中产生的相关信息采集、整理和利用，提高道路运输行业管理水平和服务水平，加快实现道路运输现代化。随着高新技术不断创新和应用，道路运输信息化发展持续加快。用信息技术改造道路运输基础设施与设备，提高管理水平，能够全面提升道路运输系统的供给能力、运行效率、安全性和服务水平。

信息数据是信息化系统的重要内容，是道路运输信息化发展的重要支撑。随着计算机技术、网络技术和通信技术的广泛应用，道路运输信息的采集、分析和应用更加方便有效，道路运输由静态、人工管理向动态、自动化管理转变。同时，激烈的市场竞争和创新的经营理念又促使道路运输行业广泛应用这些新技术来发展信息化。

5.3.1 道路运输组织信息化已有应用

道路运输信息化系统根据信息的来源、内容及使用方式和使用范围，一般呈现层次化结构。针对各层次的具体功能，机器视觉、GIS、无人机等信息化技术已得到广泛应用，为道路运输组织的数字化、智能化、精细化管理带来了新的契机。

（1）机器视觉的应用。视频闯红灯车辆抓拍系统（俗称电子警察）是以摄像机为拍摄部件，针对机动车闯红灯违法行为进行图片取证的系统产品。前端采用地感线圈感应和红灯信号触发，并附带测速功能，抓拍图片存于本地工控机，可通过有线或无线网络自动传输到指挥中心。

（2）GIS 技术的应用。GIS 技术具有很强的信息收集与处理功能，相关工作人员可根据收集到的信息对交通拥堵等问题进行预测，并提前拟定疏导措施。同时，GIS 技术能够协助执法人员建立精确的交通疏导方案，以交通指挥中心的道路信息为依据，进行科学、合理的交通疏导。此外，GIS 技术已经成功运用到车载导航终端上，帮助车主规避拥堵路段，从而避免造成更严重的拥堵，方便城市交通规划与车辆调度。在 GIS 技术的支持下，交通运输人员还可以把各项交通数据精确输入到电子地图内，进而协助交通运输管理人员更快、更好地做好线路规划工作，有效提升公众的出行质量。

（3）无人机技术的应用。无人机的应用能帮助交通运输管理人员在最大范围内进行安全巡视，包括道路的破坏情况、道路周围发生地质灾害的频率等，这样更利于有关的防护部门利用各种措施，有效防范危险，保障行人及驾乘人员的安全。利用无人机技术可以提高道路监察的效率，更加便捷地了解每条道路的实际情况，方便交通运输管理人员采取相应的措施应对。此外，在应急场景下，无人机技术可以全面掌握事故现场的情况，第一时间保护现场录下最真实、最原始的事故情况，避免了一部分的交通利益纠纷，帮助交通运输管理人员充分掌握事故发展的态势，提升现场应急处理的效率。同时，无人机能完成人工无法达到的死角搜索，协助开展事故处理，减少人员伤亡。

5.3.2 道路运输组织信息化发展规划

在构建创新信息技术、改革管理体制的影响下，道路运输信息化的发展呈现出新的特点：

（1）信息化层次全面化。在以往的信息化研究中，多注重行业某一专门应用软件的研究开发、道路运输行业管理信息系统的建设方面，未来的信息化发展将向着纵横方向渗透。纵向深入到子系统层次，分析子行业间、子系统间的关系对道路运输信息化的影响，完善子系统的信息化；横向扩展至宏观层面和行业发展层面，分析国家经济、文化以及政策法规对道路运输信息化的影响，将道路运输信息化放在综合运输体系的信息化这一大环境中，融入国家信息化体系，信息化层次趋于全面化。

（2）信息化内容集成化。道路运输信息化的发展是一个有迹可循的变化过程。信息技术、管理理念、管理体制的不断创新，为道路运输信息化提供新的技术手段和切入点。然而，当前大多从信息技术、经营管理、政策等某个或某些方面研究道路运输信息化，具有一定的局限性。同时，由于管理体制、技术现状和资金投入方面的制约，信息化的实践受到限制。未来信息化将集成道路运输信息化相关要素，综合考虑信息系统软硬件关系、运输系统上下级关系、运输系统与外部系统间的关系，道路运输经营管理、业务流程、决策分析以及公共服务的各个方面，内容趋于集成化。

在系统建设和功能目标方面，信息化有以下三方面的发展趋势：

（1）信息交换便捷化。现有的信息化系统中采用的交换模式多为点对点、面向应用的交换。综合运输体系下的道路运输信息系统中各应用系统间的数据交换应当独立于具体应用，与具体应用耦合关系松而清楚，保证数据可靠、安全传输。同时规范统一接口，使得异构系统之间、不同格式数据的道路运输信息化系统更加兼容，道路运输内外部信息系统间、与其他运输方式间能够信息数据交换共享。

（2）指挥调度协同化。道路运输一直延续着运输车辆按点发车的工作模式，车辆装载率低，调度不及时灵便，与其他运输方式的协作性不强，造成资源浪费，这样的问题一直制约着道路运输的高效运营。综合运输体系下的道路运输应利用先进的通信技术和数字化技术，构建与其他运输方式运输、调度、指挥和监控相统一的信息化系统，达到信息共享、互联互通，有线调度与无线调度相结合。同时，合理安排运载工具和输送模式，形成统一指挥、多方联动和协同调度的综合协同调度指挥模式。

（3）服务方式多样化。构建完善的公众信息服务系统，丰富信息服务内容。通过网络、应用终端、电话、广播、显示屏等多种方式发布信息，拓展信息服务渠道和服务模式，提高可视化程度，以语音、数据、视频等方式便捷、人性化地获得道路运输及其他运输方式的相关信息服务。

6 粤港澳大湾区节假日一体化运输组织

本章以实现粤港澳大湾区运输组织一体化为主要发展目标，详细介绍多模式出行、交通枢纽及运输服务产品的一体化组织模式，旨在推动粤港澳大湾区加快形成现代化交通运输体系，实现“一张网、一张卡、一串城”的格局。

6.1 发展目标与基本思路

为实现粤港澳大湾区节假日运输组织的一体化发展，提高节假日乘客出行效率，保障乘客出行安全的发展目标，粤港澳大湾区以信息服务实时化及运输流程一贯化为导向，以完善多模式出行的组织模式，提高各种交通方式的接驳效率，优化枢纽内部的组织策略并整合具有吸引力的附加服务为基本思路，全方位提高节假日期间一体化运输服务的效率和质量。

6.2 一体化多模式城际运输组织

一体化多模式城际运输组织是强化道路运输与其他运输方式的衔接，建立城市群一体化交通网络的重要保障。本节首先具体分析城际多模式交通系统在不同发展阶段下的结构，接着在对影响城际多模式方案选择的因素进行分析的基础上，重点对居民的多模式出行行为进行分析。最后，根据乘客的出行偏好整合多模式的交通资源，为出行者提供个性化、定制化及快捷化的出行服务产品，打造旅客联程运输系统，鼓励并引导乘客绿色出行。

6.2.1 城际多模式出行的概念

近年来，国内外学者结合不同场景，在研究中对多模式出行的概念进行了阐释。Müller 等认为多模式客运是指通过多种交通方式为用户的联合出行链提供无缝衔接的一种政策和规划原理。Molin 等、Scheiner 等则认为多模式出行是指在特定时间段内使用一种以上交通方式的出行过程。本节所研究的城际多模式出行是指使用两种及以上交通方式实现跨市域出行的全过程。其中，跨市域出行要求其起点和终点应属于不同的城市（地级以上城市）。

6.2.2 城际多模式交通系统结构

城际多模式系统结构反映了多种城际客运方式在居民出行方面的比例构成，也是城市客运交通发展的重要组成部分。分析城际多模式交通系统结构对城际客运交通的发展和一体化组织具有十分重要的战略意义。城际交通系统包括公路、铁路、民航、水运四个子系统，主要负责中远距离跨城市的交通运输任务，各类子系统的优势与不足共存，具有不同特征及适用范围。目前，公路和铁路在粤港澳大湾区内可以充分发挥优势，占有主要的客运市场，航空次之，而水运所占份额相对较小。因此，本书将重点介绍城际公路、铁路及民航的客运系统。

1）城际公路客运系统

城际公路客运主要包括市际客车和省际客车两类，分别在省内各市和省际运行，包含双层客车、单层大型客车、单层中型客车、小型客车等多种车型，一般适用于短距离出行，具有价格便宜、灵活性高、站点可达性高等特点。公路客运机动灵活，可以为铁路、水路和航空运输等方式集散和疏散客流。其中，高速公路的迅速发展促进了高速客运的发展，使得服务于城市间的公路客运层次有了较大程度的提高。然而，城际公路运输易受天气、道路条件等的影响，时间可靠性和舒适性较差，安全性也不高。近年来，由于高速铁路系统的快速发展，公路客运遭受了较大的冲击，超长距离的长途客车班次逐渐被淘汰，中短途客车上座率不高、经营状况变差等问题也逐渐凸显。

2）城际铁路客运系统

城际铁路客运系统主要包括高速铁路（G 字头）、城际列车（C 字头）、动车组列车（D 字头）、直达列车（Z 字头）、特快列车（T 字头）、普快列车（K 字头）、旅游专列（Y 字头）等。相比其他运输方式，高速铁路有着安全、可靠、舒适、环保等优点，使其成为城际旅客出行首选的交通方式。同时，随着近年来高速铁路的快速发展，速度快、频次高成为吸引大量客流的重要因素。然而，由于铁路客运线路固定且站点普遍离市区较远，其灵活性和可达性较公路客运系统差。

3）城际民航客运系统

城际民航客运系统主要包括客运航班、包机等。由于其速度快、舒适性高，在中长距离出行中占有绝对的优势。然而由于机场多远离市区，安检、登机等过程复杂，旅客一般需预留较长时间乘机。根据研究调查结果，47.5% 的出行者会预留 1~2 小时乘机；14.5% 的出行者会预留 2 小时以上的时间乘机。相比之下，出行者乘坐火车和大巴预留的乘车时间则集中于 1h 以内。同时，民航客运一般价格较高，且易受天气影响，时间可靠性较差。

6.2.3 城际多模式出行行为分析

城际多模式出行具有规划前置性、出行多样性、换乘不确定性、成本非线性等特征。旅客城际出行选择交通工具的过程为多目标决策过程，即对多种运输方式的组合服务进行权衡，并从中选择最佳组合的过程。由于出行者的个人属性（包括年龄、性别、职业和收入等）及家庭属性（包括家庭收入、住房面积、是否拥有私家车和出行工具的数量等）存在较大的差异，每个出行者对不同的运输服务属性具有异质的偏好和选择，他们在出行的时候总愿意选择能满足自身需求、综合效用最大的交通方式。服务属性主要包括出行时间、出行费用、出行可靠性、舒适性及换乘便捷程度等。

出行时间主要包括城际交通时间和换乘时间两个部分。城际交通时间是指城际交通方式的运行时间，而换乘时间则是换乘过程需要连接的相邻城际交通方式之间的时间差。出行费用是指出行过程中各个阶段乘坐交通工具的费用之和。由于城际多模式出行需要考虑换乘的问题，出行可靠性同样也是出行者极其关心的服务属性，其主要通过城际交通方式的准点率及换乘交通方式（公交、地铁、网约车等）的可靠性来进行度量。舒适度是出行者对乘车环境和乘车过程的主观感受，与交通工具本身的舒适度息息相关。不同的乘客对不同环境的敏感程度有较大的差别。换乘便捷度则是衡量城际多模式出行过程中换乘方便程度的指标。在不考虑其他因素的前提下，换乘便捷度最高的是直达方式，而随着换乘次数的增加，换乘便捷度则逐渐下降。

6.2.4 节假日城际客运班线组织

节假日城际客运班线的组织优化是对粤港澳大湾区城际出行服务品质的进一步提升。本书所涉及的客运班线主要为大湾区内各地市之间的城际客车，其组织方案主要包括资源调配、线路管理、优先政策管理等。

1）差异化运力资源调配

客运班线运力资源调配主要从空间和时间两个维度进行组织。空间层面上主要分区域、分方向进行运力调配组织；时间层面上则分节假日、分时段进行资源配置。

（1）分区域运输组织。

粤港澳大湾区在重大节假日期间，各地市的客运需求存在着较大差异，客运组织除适当增加运力外，也应更加关注运输资源在大湾区内部的优化配置。结合本书第 3 章的分析结果，广州、深圳、佛山三地客流量呈逐年增加趋势，因此需要结合具体的需求增长率，有针对性地增加运力。同时，粤港澳大湾区广东省内其他 6 个地市的客流量近年来基本保持稳定或略有下降，说明现有运力足以支撑客流强度，不需增加运力，加强现有运力的组织管理即可满足运输需求。

此外，考虑到政策发展及产业结构变化情况，各区域在重大节假日出行高峰期间的客运班线组织也应有相应的调整。例如，2019 年 8 月 18 日，中共中央、国务院发布《关于支持深圳建设中国特色社会主义先行示范区的意见》，明确深圳将建中国特色社会主义先行示范区。示范区建设将进一步提升深圳市的枢纽地位，从而推动交通需求的进一步增加。深圳示范区的建设也将带动周边城市的产业发展。大型企业如华为技术有限公司从深圳迁至东莞松山湖高新技术产业园区，员工的出行需求及产品的运输产生了大量从深圳到东莞的需求。因此，可针对性地开通东莞产业园区往返深圳及广州重要枢纽处的豪华市际线路，满足商务通勤的出行需求。此外，“新深圳示范区”的发展重点将聚焦于金融开放与新兴产业的发展，因此大批深圳制造产业将转移至惠州市，企业迁移发展必将带来更多交通需求，需增加惠州往返广州、深圳市内等高速铁路站的高速铁路线路，并配合开通各大厂区至广州南、深圳北等大型枢纽的接驳客车，方便企业人员出行。

（2）各方向运力调配。

重大节假日期间，客运需求会存在明显的方向性，因此班线运力调配应有方向差异性，宜适当对高峰期间的单向高密度行车进行组织。由第 3 章客运需求分析可知，广州、深圳、香港三地在重大节假日期间入城流量较大，说明这三地的交通吸引力较强。因此，重大节假日期间在大湾区范围内进行区域运力配置时，应重点关注广州、深圳、香港的运力调配。

具体到单个城市，各方向的交通需求也存在差异。以深圳为例，深圳在节假日期间出城人数远大于入城人数，因此深圳在重大节假日前夕及伊始阶段，应重点关注出城方向的交通疏导；在重大节假日末期，则应重点关注入城方向的交通疏导。

（3）时间差异化运力储备。

在不同节假日假期，旅客出行空间客流行为特征存在较大的差异，应根据不同节假日实行差异化组织安排。春节大量外来务工人员会集体返乡，节前返乡热点出行线路主要以特大城市为中心向周边扩散为主，节后回程热点出行线路主要由中小城市向中心城市聚集。清明节出行多为广东省内旅客回乡扫墓。“五一”劳动节假期出行目的则以休闲旅行及探亲访友为主。客运班线应按照客运需求的差异性进行动态调整。

即使在同一节假日，不同时段的交通特征也有较大的差异。客流高峰常常在节假日之前就已经产生，这往往会导致节假日前期运力不足的问题。因此，在节假日出行高峰来临前应做好运力储备，保证节假日出行高峰时的整体出行运力需求。特别在春节假期，广州、深圳等重点城市会出现节假日前期出城高峰、节假日中期空城、节假日后期返程高峰的现象。因此，针对这样的现象，应提前进行优化配置节假日的运力资源。

2）热门线路优化调整

重大节假日期间，旅客出行特征与平日差异较大，可从热门线路运力保证、跨境旅客运力调整、临时线路管理及提升班车服务水平等方面实现班车线路组织管理。

（1）热门线路运力保证。

不同线路客运班线之间的客流量差异巨大。从区域方面来看，粤港澳大湾区各地市客运班线大客流主要集中在广州、深圳、佛山、东莞等市际客运班线之间。这四个地市均有大量的出行需求，其中广州至深圳的客流量最多，且深圳至广州的客流量略大于广州—深圳的客流量，需通过增加客运班次的措施来保障热门城市之间客运线路的运力。

（2）节假日临时线路优化设计。

临时线路是指为了满足某些临时性的出行而开设的线路。例如在节假日初期，可加开宝安机场至白云机场的临时线路，及时疏运从深圳乘坐飞机离开的各向旅客；节假日末期可增开白云机场至宝安机场的客运车辆，方便乘客返程。此外，广州、深圳市区之间的客流需求也很大，可在广州、深圳市区之间增加客运线路班次，从深圳市区各个主要乘车点（例如深大地铁站）到广州市区主要下客点（例如体育西路地铁站）进行点对点的线路运输，方便市民出行。

同时，根据不同节假日的出行需求特征，应有针对性地开辟临时线路，灵活设置上下车地点及运行路线，避开拥堵区域及路线。在清明节期间，开通市区至各周边墓园的临时路线，满足居民扫墓出行需求。在劳动节和国庆节期间开设临时线路以满足居民休闲旅游为目的的出行。粤港澳大湾区内的广州长隆度假区及香港迪士尼乐园等重点旅游景区吸引了大量客流。为了满足旅客出行需求，可增加连接各大型交通枢纽（广州南站、白云机场、香港西九龙高速铁路车站、香港国际机场等）至热门旅游景区的旅游专车，满足旅客出游的交通需求。

（3）提供个性化多层次的客运班线服务。

为了吸引更多乘客在节假日乘坐班车出行，可开行不同的车型，分层次改善市际班车的服务水平。例如，开通商务车型班车和普通车型班车，通过差异化定价来吸引不同类型的旅客。商务车型班车配置更加舒适的座椅，对座椅进行人体工程学优化设计，使车内每位乘客的乘坐空间更大，保证干净整洁的车内环境，从而提高旅客出行的舒适度。普通车型班车配备普通座椅，个人空间较小，但采取与商务车型班车相同的运营时刻表及行驶线路，收取较低票价，经济实惠。

此外，可推行不同类型的班车服务产品。在客流量巨大的广州—深圳、深圳—香港路线上，交替开行区间快速班车和普通班车。区间快速班车不停靠中途小站，仅在大站停靠，缩短乘车时间，实现热点地区旅客快速直达运输。普通班车覆盖每个站点，全线开行，满足不同旅客的乘车需求，吸引部分原本打算私家车出行的乘客改乘班车出行。

3）客运班线优先政策

为了满足日益增加的城际出行需求及实现绿色交通的发展目标，城市之间应积极实施客流引导，通过补贴或收费减免等政策鼓励乘客使用公共交通出行。同时，区域内可推行客运出行往返联票优惠制、旅游景区往返特惠制等经济措施，鼓励旅客选择乘坐班车出行。

此外，在大型停车场和停车楼处，预留客运班车的停车位，优先保证客运班车的停车需求。积极落实公共交通的优先道路使用权，尤其当城市路网和区域主干路网发生拥堵时，着重在一些重要路段给予客运班车、公交车等公共交通车辆优先权，从而促进出行方式的转变，让更多人选择公共交通出行。

6.2.5 节假日城际包车组织

结合粤港澳大湾区重大节假日出行高峰期间旅游包车客运需求的规律及特点，本节提出以下四点运输组织策略及方案。

（1）提高港珠澳大桥旅游包车服务水平。港珠澳大桥开通后，对澳门内部的交通需求影响较大，2017—2019 年，每月到澳和离澳人数呈缓慢上升态势。同时，港珠澳大桥关卡每月进出香港的旅游包车数量也处于较高水平，自 2019 年以来维持在约 8000 辆。很多旅客会选择乘坐旅游包车进入香港旅游。客运企业可制定港珠澳大桥旅游包车即日往返、多次往返及月票等优惠套票，吸引乘客改经陆路往返港澳。在旅客流量高峰期间，旅游包车则配合大桥延长运营时间，满足游客出行需求。

（2）调整包车运力配置。根据节假日的出行需求特征，客运企业应提前部署旅游包车线路对游客进行疏运。例如，旅游包车客运发展的主导方向应重点关注省内的跨市出行，可针对主要客流方向开设热门线路的旅游包车一体化服务。旅游包车设置起始点为大客流汇聚处，终点为各大热门旅游景区，并根据旅客流量，按需设置发车时间和频率。

（3）车型结构配比合理化。根据粤港澳大湾区广东省内 9 市的旅游包车运力和车型结果配比情况，目前还存在小型客车利用率低、中型客车数量不足、大型客车满载率低的现象，造成一定程度的运力资源浪费。节假日期间游客增多，运力浪费的现象更加突出。结合节假日客运需求的特征，应按比例增加中型客车数量、减少小型客车及大型客车的数量，使资源合理利用，满足更多乘客出行需求，使综合效益最大化。

（4）交通需求引导。旅游包车在进出香港的各交通方式中占比较低，还有很大的市场提升空间。因此，可以合理地进行需求管理，如旅游包车团体出行的旅客可优先通过口岸，景区停车场旅游包车可享受优先停车，以此来引导公众乘坐旅游包车到港澳旅游。

6.3 一体化接驳运输组织

《综合运输服务“十三五”发展规划》中明确提出要加强综合运输的接驳服务，充分发挥不同运输方式间的组合效率，保障旅客便捷有序出行，切实解决旅客出行“最后一公里”的问题。本节将从民航交通接驳、铁路交通接驳和道路交通运输接驳三个方面，对粤港澳大湾区重大节假日期间的接驳运输组织策略进行探讨。

6.3.1 民航交通接驳运输组织

民航交通接驳运输组织是机场与城市交通联系的纽带，是机场功能充分实现的前提条件，是机场客流集散的重要保障，也是城市基础设施水平的集中体现。随着民航运输需求量的不断提高，机场的集散压力也在不断攀升。积极鼓励机场枢纽用地的综合开发，大力推动城市公共接驳工具的部署工作是解决当前问题的重要举措。合理高效的接驳系统可以完善和丰富民航交通运输网络，满足不同乘客的出行需求，从而实现交通的可持续发展。

随着城市轨道、定制公交、社区接驳公交以及对接机场、火车站的夜间公交的稳步发展，“机场—地铁”及“机场—巴士”等接驳服务不断推出，使得公众的出行更加便捷，持续推进了民航大容量快速通道建设以及机场旅客集散的优化。针对粤港澳大湾区重大节假日期间交通需求的特点，对于需求量较大的时间段和线路，可设置临时的穿梭巴士线路。针对乘客爆发式的阶段，地铁线和机场巴士线应适当延长运营时间，缩短发车间隔，充分保障旅客出行需求。对于由于极端情况导致乘客滞留的情况，应及时启动应急预案。此外，各部门应实时共享铁路、公路、水路、民航运输班次和客流情况，切实做好运力对接，及时应对高峰客流。

6.3.2 铁路交通接驳运输组织

近年来，铁路运输的分担率逐渐反超公路运输，铁路运输成为我国第一大出行方式，这在一定程度上也给铁路客运枢纽站的旅客集散组织提出了新的挑战，如何快速高效地输运有“最后一公里”需求的乘客，是当前亟须解决的一个问题。

随着城际铁路、地铁及接驳巴士线路的建设不断完善，铁路运输“最后一公里”的网络也在不断扩大。依托综合运输通道，接驳服务应充分发挥互联网信息共享的作用，积极发展旅客的联程运输，实现“节点运输＋接驳运输”的新型运输组织模式。在此基础上，应重点推进跨运输方式的客运联程系统建设，统筹运输方式之间的运力和班次对接，实现旅客出行一次购票、无缝衔接及全程服务的目标。除此之外，还需要推动高速、特快、快速、普速合理匹配的多层次铁路运输网络的建设，大力发展以城际铁路客运为主体的大容量、快速地铁系统。为了进一步优化道路客运线网结构，支持客运班线公交化改造，应积极鼓励探索长途客运班线节点运输模式，推动长途客运接驳运输的发展。

从铁路交通接驳组织规划层面，应进一步缩短“高速铁路—地铁”的接驳距离，提高高速铁路枢纽附近地铁及快速公交站点的丰富度，减少乘客的步行时间。此外，接驳巴士及定制公交应实现实时需求信息的整合和共享，为铁路出行乘客提供即时的出行服务。另外，应急建设能力应进一步加强，强化多运输方式之间的协同联动和应急响应，切实提升运输应急保障能力；充分发挥道路客运的灵活机动性，根据高速铁路运输方式的变化，及时调整运行线路，主动做好衔接。

6.3.3 道路交通接驳运输组织

下面分别从长途运输接驳组织、长途运输与市内接驳运输组织，以及长途运输与旅游景点接驳运输组织三方面对道路交通接驳运输组织的方案进行讨论。

1）长途运输接驳运输组织

长途交通运输接驳是指道路客运班车运行到线路途中选定的接驳点之后，当前驾驶员停车落地休息，由接驳点休息等待的驾驶员上车驾驶，继续执行客运任务的运输组织模式。目前长途客运接驳可分为换驾式接驳运输和分段式接驳运输。《道路客运接驳运输管理办法（试行）》（交运发〔2017〕208 号）中明确鼓励道路客运企业对营运线路在 800km 以上的道路客运班线实行分段式接驳运输，实现客运车辆和驾驶员当日往返。同时，长途运输的接驳要充分考虑时间和接驳点的服务保障能力等因素，合理选择接驳点位置。优先选择在高速公路服务区或客运班线途径的汽车客运站进行设置，或者在高速公路的出入口附近进行设置，打破区域壁垒，保障车辆运行安全。

2）长途运输与市内接驳运输组织

长途运输与市内的衔接为不同运输方式的接驳，需要推进城市、城际、城乡班线客运三级的有序对接，使得完成市内“最后一公里”的交通方式更加灵活便捷。实现城际的接驳首先需要有序地推进各种运输方式节点体系的建设，促进区域间、干支间、城乡间运输网络的无缝衔接，强化综合运输枢纽对各种运输线网的集约组织和优化配置功能。同时，公共交通的服务方式应进一步创新，探索定制公交、夜间公交、社区公交等多层次公交服务模式，鼓励城市公交线路向郊区延伸，扩大公共交通覆盖面。除此之外，还需积极推动一卡通在出租汽车、长途客运、城际轨道、水上客运、公共自行车等领域的应用，提升乘客“一体化出行”的优质体验。

市内接驳工作主要依托于城市公交和客运出租汽车的运输服务，用于保证城市对外交通方式的衔接，重点保障长途汽车客运站的旅客疏散。同时，随着城镇化进程加快，城乡居民出行更加频繁，还需要统筹发挥好综合运输的优势，特别是协调城市公交与其他运输方式的衔接，及时延伸和调整路线，有针对性地为出行者提供零距离的换乘和对接服务。除此之外，在客流量较大的情况下，可以通过增加班次来及时满足高峰时段的出行需求。

3）长途运输与景点接驳运输组织

中国公路学会理事长翁孟勇指出："交通是旅游业的新生元素，也是旅游发展的重要引擎"。事实上，随着旅游需求的不断提升，旅游对便捷性的交通出行更加依赖。便捷高效的交通也为旅行提供了更多的可能性。为了适应旅游业改革发展的新形势，交通运输与旅游业之间的信息共享需要进一步加强，完善旅游景区公共客运的基础建设，适度拓展交通基础设施旅游服务的功能，从而加强枢纽场站与旅游景区的交通衔接和接驳服务，推动"快进慢游"的便捷运输服务系统建设，提高旅游目的地的通达性。

客运接驳与旅游景点之间应实时共享地理空间、气象条件以及交通出行三方面的数据，为旅客提供即时、有效、准确的交通运行信息。同时利用丰富的线下资源，通过大量数据分析，适度启动无缝接驳疏运模式，将主要旅游景点的游客运送到最近的地铁站点。公交总站等交通枢纽应实现灵活车辆调度、配客排班和高效的接驳服务，从而有针对性地解决旅客"最后一公里"的问题。

合理组织好公交、地铁、出租汽车等公共交通方式与车站、机场及旅游景点的组织调度和衔接工作，形成以客运集散点为中心，以接驳班线为连线的客运交通出行网络。同时，考虑到旅客的个性化需求，在高速铁路车站及机场等枢纽站点应尽可能为旅客提供租车服务，实现便捷租车及异地换车服务。除此之外，还可以和互联网企业进行合作，提供直运运输服务，减少乘客的等待时间和换乘时间，缓解需求"堵塞"的问题。

6.4 一体化交通枢纽组织

城市多模式交通枢纽承担了城市对外交通与对内交通的需求集散任务，集中了高速铁路、城际线、市域线、高速公路客运及市内公共交通等多种客运交通方式间的衔接和转换，是提升居民组合出行质量的关键设施。合理快速地集散综合枢纽内部的客流可以有效地提高各类交通方式运营的效率和乘客的出行体验。由于综合枢纽涉及机场、高速铁路、城际客运及市内公共交通等多个运营管理实体，多元化交通模式的衔接应在一体化的协调管理下进行，保障综合枢纽的高效稳定运营。目前枢纽站点一体化的运作模式主要包括以下两类。

1）旅客联程运输的联合安检

根据《加快推进旅客联程运输发展的指导意见》（交运发〔2017〕215 号）的相关指示，各地正加快推进旅客联程运输发展的相关工作，进一步发挥各种运输方式的优势，提高综合运输的组合效率，改善旅客出行体验。旅客联程运输是通过对旅客不同运输方式的行程进行统筹规划和一体化运输组织，实现旅客便捷高效出行的运输组织模式。为了实现综合枢纽一体化的组织模式，鼓励各枢纽站点在封闭、连续的换乘通道以跨方式安检标准互认的方式进行联合安检是十分有必要的。

安检工作为保障乘客安全出行起到不可替代的作用，但是联程运输的多次安检反而会导致多班次列车的人流重叠。大量聚集的乘客给候车站厅带来巨大的安全隐患，若是遇上紧急情况，更是难以调度控制与疏散。所以无效的重复安检流程，不仅降低了出行效率，在一定程度上也造成了人力物力的浪费。在保证运输安全的前提下，联合安检不仅可以有效减少旅客换乘过程中的重复安检和安检人员的工作压力，保障旅客一路畅通，同时还能够有效降低拥挤踩踏、火灾疏散等隐患的安全风险，突出体现以人为本的服务理念。

2）“零距离”快捷换乘

“零距离”换乘是将旅客换乘距离缩短到最短，尽量减少旅客的步行距离到“零”的换乘模式。综合枢纽作为进行多式联运换乘的专用设施，构造复杂。传统的枢纽场站楼层多，旅客需要出站再进站换乘，不仅耗时耗力，同时还有可能因为不熟悉场站情况而导致误车的情况发生，极大地影响了旅客的出行体验。因此，实现交通方式之间的高效整合和“零距离”转乘是极其重要的。旅客无须走出室外，在室内即可实现城际铁路、公交、出租汽车等多种运输方式的无缝换乘，换乘效率极大提高。

为了实现“零距离”换乘，共建共享售票、取票、乘降、驻车换乘等联运设施设备是十分有必要的。在多模式换乘的安检互信区域进行联合互检，以提高检票效率。同时，综合客运枢纽需要进一步统筹规划建设，按照“统一规划、统一设计、统一建设、统一运营管理”的要求，合理规划并置、交替、复合的一体化换乘大厅，通过手扶电梯衔接不同交通方式的乘车区域。乘客可根据标识进行换乘，实现楼内换乘，减少天气及所携带行李对旅客出行的影响。

6.5 一体化运输服务组织

一体化运输服务组织是指在一定区域范围内由多种运输方式相互协调及合理利用，共同完成旅客运输的组织模式，旨在实现资源的合理配置，提高运输效率。一体化运输服务组织的效率不仅受多模式出行路径规划的影响，同时还受到购票难度及定价机制的影响。特别地，旅游服务是节假日出行的重要衍生物。合理地将旅游服务产品融入一体化运输组织可以有效地提高乘客的出行效率和景区的运营效益。

6.5.1 定制化的出行路径规划服务

一般地，出行者在制定城际多模式出行方案时，往往会追求出行时间短、成本低、时间可靠性高、舒适度高及换乘便捷高的出行服务。然而，以上目标无法同时实现，出行者需要根据自身的需求进行取舍，该过程耗时耗力且无法达到理想的效果。所以根据不同出行者的偏好有针对性地提供城际多模式路径规划极其重要，不仅可以大大节省出行者出行规划的时间，提高多模式交通的衔接质量，释放交通系统的综合运输潜能，同时还能有效地提高公共交通系统的吸引力，推动共享出行和绿色出行，促进交通可持续发展。

出行时间、出行费用、时间可靠性、舒适度及换乘便捷度是影响出行者多模式出行路径选择的最主要因素。由于个体间年龄、职业、收入等因素的差异，出行者对不同影响因素的敏感程度，即出行偏好存在较大的差异。考虑到用户历史出行记录能够有效反映个体的出行偏好，出行服务平台可以基于海量的历史订单数据对个体出行偏好进行挖掘，根据历史购票记录，分析上述五大因素在不同出行者出行行为选择过程中所占的比重，进而重构用户的多模式出行记录。当旅客再次发起出行需求时，平台则可根据其偏好，以满足用户移动性为目标，为用户提供个性化、定制化的全链条服务，将多模式城际出行的关注点从交通工具的选择上调整到如何满足用户偏好及活动需求上。

6.5.2 跨区域的联网售票服务

联网售票是指一定范围内所有的售票点和代售点通过网络连接在统一的软件平台上，并将所有数据汇总到服务器上，实现数据的实时共享和查询的信息技术。联网售票平台促进了城际出行的转型升级，提升了旅客的出行体验。随着道路客运联网售票系统的优化、自助设备的完善和联网客运站运行的逐渐稳定，联网售票数量呈上升趋势，群众满意度也在逐步提升。

随着联网售票占比的持续增加，粤港澳大湾区多地已基本达成了联网售票的共识，并迫切希望建立全国性联网平台，助力城际客运行业的转型升级，形成运营一体化、运营权统一化的运作模式。城际多模式客运联网售票可以实现多元化售票、票款清分结算、客运综合监管等多项业务功能，打破城市间客运信息不能共享的现状，同时为城际客运的组织和规划提供了大数据的支持，为合理调配运输资源提供了科学依据。此外，购票不受地域和时间的限制，方便查询车次的余票情况，有利于旅客调整出行时间。并且，通过联网售票平台，客运站可掌握预售车票，及时合理调整运力，特别是在节假日等客流量较大的时段，能够及时备足加班车，以满足旅客的出行需求。

6.5.3 一体化的“运游结合”服务

旅游在重大节假日出行中占比较大。将旅游的六要素（食、住、行、游、购、娱）与运输服务进行深度融合是当前一种新型的客运方式，不仅可以实现运输组织的一体化，同时还可以实现运游一体化，促进交通旅游业和交通运输业的融合发展。目前，“运游一体化”的发展模式主要包括以下几大类：

（1）建立以枢纽站为载体的旅游集散中心。充分利用客运场站、旅行社及景区等旅游资源，结合当地人文特色，打破原有车站传统服务设施的设置模式，增加当地特产售卖、旅游接待、旅游专线发车等服务。引进旅行社、景区流水班车、自助旅游班线、团体包车等出行服务，与高速铁路车站、机场等大容量枢纽站点进行衔接，实现一站式的“运游”服务。同时，针对一定范围内的区域，实现运输服务和旅游产品的一票制服务，免去旅客换乘及购票的环节，从而大大提升旅客的出行效率和出行满意度。

（2）定制化的“运游”服务。随着出行者对“运游”服务产品要求的提高，提供个性化及定制化的出行服务、延伸产业链条、形成文娱的新型商业模式是十分有必要的。基于“互联网+”、大数据、云计算及物联网等新型的现代信息技术，交通运输部门应与旅行社、景区及酒店建立合作关系，共享信息资源，针对不同的消费群体和出行行为特征，推出多层次、多样化、个性化及定制化的“运游”服务产品。

（3）基于交通旅游大数据的多平台协作。根据《关于加快推进交通旅游服务大数据应用试点工作的通知》的指示，各省市需要加快开展相关的试点工作，充分利用运输旅游产生的海量数据，探索运输旅游企业跨平台化合作的可能性。基于旅客出行的大数据进行运力布局及定价，在海量出行用户的基础上推出“运游”结合服务，不仅能够有效地解决节假日出行难的问题，同时还可以有效促进在线旅游行业的迅猛发展。

7 粤港澳大湾区节假日跨境交通运输组织

粤港澳大湾区内城市集群目前已具相当规模，香港、澳门与广东省内城市群社会生产、生活关联性越来越强。随着香港、澳门与内地城市的进一步融合发展，交通需求将快速增长，给跨境交通运输带来严峻挑战。本章将从交通组织、运输组织、口岸交通组织以及跨境旅游产品规划四个方面详细介绍粤港澳大湾区节假日的跨境交通运输组织，旨在加快改善湾区节假日跨境出行现状，提高交通运输效率，促进大湾区内跨境交通运输互联互通。

7.1 节假日跨境交通组织

本节首先介绍粤港澳通行证一体化的现状及发展方向，然后对道路联动收费管理进行说明。

7.1.1 粤港澳通行证管理

面对重大节假日期间往来内地与香港、澳门越来越多的出行需求与方式选择，政府和交通行业需要保障跨境出行的安全，便利跨境出行者及车辆办理海关备案手续，提升跨境交通运输效率。

1）个人出入境

粤港澳大湾区内的广东省城市与香港、澳门两地之间需办理“往来港澳通行证”方可通行。因此，对通行证办理及检查流程进行合理简化，可有效提高游客通关效率，改善旅客节假日的出游体验。

（1）往来港澳通行证目前已可以全国通办，不用持证人再回户籍地办理。出入境证件实行全国通办后，内地居民可在全国任一出入境管理窗口申办出入境证件，申请材料与户籍地一致。此外，内地居民不受户籍地、居住地等条件限制，均可在异地申办出入境证件。

（2）24 小时国家移民管理局政务服务平台也同步上线，可以在第三方平台预约申请、查询办证进度和查询出入境记录。

（3）办理往来港澳通行证时，原来只能到出入境窗口人工柜台申请，扩展为既可在窗口申办也可在电子签注机上自助办理，立等可取。

（4）公安部在广东启用往来港澳通行证的电子版本，其中存有数字化的个人资料和指纹信息，可以使用口岸自助查验通道实现自助通关，实现“多证合一”。目前，腾讯“E 证通”已积极争取相关政策的支持，这种结合 eID（Electronic Identity，公民网络电子身份标识）等多种认证技术的移动端程序，优先在粤港澳大湾区试点虚拟多证合一，实现一部手机承载多张证件，包括身份证、回乡证、微信通行证（电子港澳通行证）等，解决此前三地居民跨境业务在线办理缺乏身份信息认证的问题。

2）车辆出入境

在大湾区内可推广单一通行证机制，允许粤港澳三地的监管机构授予出入境车辆单一的粤港澳通行证。面对节假日出入境高峰，为避免车辆在通过口岸时过于拥堵，大湾区各直属海关之间、各直属海关与地方政府部门之间应进行数据交换和共享，使出行者在出行前就获得两岸均许可的通行证，快速通过口岸而避免滞留。

香港、澳门特别行政区政府已设立的“港珠澳大桥澳门口岸泊车转乘计划”让符合资格的香港非商用私家车车主无须申领配额，只需要申领港澳政府发出的牌证和预约澳门停车场泊位，便可使用港珠澳大桥驾车前往澳门，在澳门港珠澳大桥边检大楼东停车场作短期停泊。私家车驾驶员及乘客在澳门停车场泊车及办理入境手续后，可在澳门口岸转乘公共交通前往澳门其他地区。

大湾区内的私家车可依托跨境通行交通管理信息平台，与相关管理部门建立数据通信链路，使监管部门可以实时检测出入境私家车的状态，内地与港澳居民在办理港澳车辆跨境通行电子车牌及驾驶许可业务之后便可实时通过大桥，减少跨境的过关手续。

7.1.2 道路联动收费

1）轨道交通联动

粤港澳大湾区内高速铁路、城际、地铁分别属于不同系统，各有其管理部门，这种情况会给旅客会造成很大障碍。轨道交通的互联互通可使得整体的运营效率得以提升，希望有更多的人来乘坐公共交通出行。粤港澳大湾区的轨道交通建设在今后将不断打破更多体制与技术方面的瓶颈与壁垒。其中，广州地铁已承接的珠三角四条城际铁路运营管理，目标就在于构建“一张网、一张票、一串城”的粤港澳大湾区轨道交通运营模式。其中，四条城际包括广清城际铁路、新白广城际铁路、珠机城际铁路、广佛环线运营，多条城际均已开通支付宝扫码乘车，旅客无须提前购票，通过移动支付手段便可直接乘车。

目前东京的乘客出行时可以选择使用储值卡，该卡在地铁系统和高速铁路系统中都可以使用。大湾区内轨道交通的联动收费可参考东京湾区的运营模式。旅客在粤港澳大湾区内出游时，在两岸乘坐不同轨道交通所产生的费用都可使用该卡进行管理，每次出行便进行一次结算，有效减少乘客在不同交通系统内换乘时换卡的烦琐程序。

2）私家车跨境收费

粤港澳大湾区涉及多个城市，尤其是与内地规章制度不同的香港与澳门。如何对来往车辆进行更加简便的收费管理显得尤为重要。ETC（Electronic Toll Collection，电子不停车收费）是高速公路或桥梁自动收费的基础技术之一，其优势是可以减少收费站拥堵的情况发生，很大限度提高收费站通行效率。两岸车辆安装ETC可缓解节假日来往粤、港、澳之间的交通运行压力，因此三地应对其进行联合推广。为将ETC优惠政策惠及更多的粤港澳车主，政府在进行推广时可以采取“线上和线下相结合、粤港澳三地大联动”的模式。为了更快地改善跨境交通，提高车主使用ETC的比例，港珠澳大桥管理局将推广ETC主场放在了港珠澳大桥珠海公路口岸内地入境随车验放厅。

目前，ETC的安装率在粤港澳大湾区已经到达了75%。装有粤通卡和香港快易通的车辆在港珠澳大桥上使用已不存在技术障碍，均可实现电子不停车支付。港珠澳大桥穿梭巴士、过境巴士均已安装了ETC标签。然而，部分私家车有些还没有安装。因此，应进一步鼓励私家车安装ETC，实现粤港澳大湾区的收费联动。

此外，应改善节假日期间的粤港澳联动收费服务，做好应急管理。交通管理部门应就节假日期间收费站口车辆拥堵、收费广场交通事故等突发事件的紧急处置方法与收费站相关人员进行交流，对“示意车辆停止、直行、减速慢行、变道、示意车辆靠边停车”等常用的交通指挥手势进行统一讲解，使收费站工作人员加深对常用交通指挥手势的了解，确保交通指挥的规范性，提高收费站工作人员对手势动作的熟练程度，加强日常工作中疏导收费站交通的能力。

7.2 节假日跨境运输组织

粤港澳大湾区城市群高速网络交通属性以区域过境交通需求为主，进一步转向多元化、综合性、通勤式多重需求叠加。本节将分别介绍跨境道路旅客运输组织和跨境物流运输组织。

7.2.1 跨境旅客运输组织

香港、澳门地区是内地入境旅游的第一客源地。合理制定粤港澳大湾区跨境旅客运输组织方案，对各城市的旅游业发展有着至关重要的作用。

1）管控高峰时段出行组织

以香港为例，近年来到达香港但不过夜的旅客比例有所上升，意味着当日往返香港的旅客人数在不断增加。早上到港客流多，晚上离港旅客流量也相对较大，因此加强对当日早晚往返人员的管控十分必要。此外，港珠澳大桥的开通促进了香港、澳门同内地的联系，极大地刺激了内地至香港、澳门的交通需求，使得大湾区联系更加紧密。需进一步加大港珠澳大桥直通巴士的发车频率，满足不断增加的客运需求。在重大节假日期间的旅客流量高峰期，直通巴士配合大桥实行 24 小时不间断运转，推进跨境巴士与港珠澳大桥穿梭巴士的接驳，以及跨境巴士与内运巴士的接驳合作，以满足游客出行需求。

2）注重节假日两地客流不对等

由于香港、澳门节假日与内地不完全重叠，内地重大节假日期间，香港、澳门两地并不一定是节假日，跨境旅客主要为由内地去往香港、澳门方向。因此，重大节假日前夕及伊始阶段，跨境交通应重点关注出境（内地至香港、澳门）客流的疏散；在重大节假日末期，应重点关注入境客流的疏散。

3）制定合理路线及公交排班

结合港澳游客的客运需求，充分考虑节假日时期香港赴粤的主要交通流向，适当增加交通路线与频率，保障服务质量。以位于珠海市的海泉湾景点为例，其离市区较远，公交线路较少，且班次不多。在重大节假日期间，可针对香港、澳门游客的需求，加开口岸至海泉湾的旅游直达巴士，并根据游客量的情况发班，实现“点到点”的服务。

7.2.2 跨境物流运输组织

目前在粤港澳大湾区跨境道路上运行的物流车辆大部分装备及技术水平不高，主要采取单车分散经营的组织方式，落后的道路物流运输组织方式无法满足低成本、低耗能、高效率、高质量以及绿色环保的要求，成为制约粤港澳跨境道路物流运输业健康有序发展的瓶颈。

近年来专门从事为车揽货、为货找车的运输代理等中间性组织迅速发展，但大多数规模小且分散，信用较差，既不具备开展运输业务的场站基地，也没有直接参与粤港澳跨境道路货物运输的实力。大型物流公司的市场份额仅为 5% 左右，即使目前业务量较大的专业道路运输企业间的联合体，如联运网络、道路货物运输配载协作网等，都只是进行简单松散的横向联合或协作，缺乏合理的道路运输组织，无法实现货运资源的有效整合，仍处于为货物运输提供局部服务的较低级阶段，与为道路货物运输全程服务的较高级阶段仍有很大差距。此外，需解决各种信息不对称，降低揽货出货的信息成本，对运输生产过程进行强有力的监督和控制，保障市场价格机制的调节，实现运输资源有效配置作用的发挥，从而满足港珠澳大桥建成后对快捷运输、限时运输、绿色运输、集装箱运输、专项运输等高品质、高效率运输服务的迫切需求。

为解决当前道路货物运输市场信息不对称的问题，整合行业市场信息资源，将道路货运物流的各个环节有效地串联起来，高效配置粤港澳跨境道路货物运输资源的有力措施是搭建粤港澳跨境道路货物运输公共信息平台。可以采取政府出资的方式搭建信息平台，由物流行业龙头企业负责平台实际运营的模式，紧密结合港珠澳大桥背景下粤港澳跨境道路货物运输组织的需求，提供车货匹配、实时信息服务等，减少待货时间，降低空车率，提高运输效率，消除“车方”“货方”“第三方”和“监管方”等各方的信息不对称问题，促进粤港澳跨境道路货物运输的良性快速发展。

7.3 节假日口岸交通组织

口岸是粤港澳直接联系的跨境通道。《粤港澳大湾区发展规划纲要》提出要加强内地与港澳口岸部门协作，扩展和完善口岸功能，依法推动在粤港澳口岸实施更便利的通关模式，研究在条件允许的情况下为主要陆路口岸增加旅客出入境自助查验通道，进一步便利港澳与内地居民的往来。

7.3.1 口岸周边交通组织

口岸周边交通组织的目的是通过信息技术和交通管理手段来降低旅客在口岸的滞留时间，提升乘客离开枢纽的疏散效率，减少等待时间。在口岸周边进行交通组织应重点关注以下两个方面。

（1）口岸穿梭巴士组织。在粤、港、澳三地口岸均设有穿梭巴士，分粤港、港澳两条路线，每日行走超过 200 班次，并 24 小时运营。目前已有两条巴士路线，分别接驳澳门口岸管理区至澳门市区和氹仔市区。在节假日期间应增加口岸穿梭巴士的班次，使旅客通过口岸后能快速到达目的地。除了加强运力调度之外，在交通设施方面，口岸周边应加强对停车场的管理，提高巴士及接送客车辆的自助、无缝的停车服务质量，减少旅客在口岸区域的无效滞留时间。

（2）口岸交通信息通知。通常在港澳公众假期首日，广东省各大城市口岸均会迎来入境客流高峰，甚至一度呈现“井喷”态势，持续迎来出入境双向客流高峰。同时，大多数旅客有“找不到，走不畅，等不到”的共同体验，这给口岸周边的人流疏散带来了极大的压力。所以应重视节假日期间各口岸出现的客流高峰，并通过官方网站、手机移动端程序、在口岸现场设立指示牌等方式向民众做好通知通告。同时，还应注意由于部分旅客没有采集备案通关信息而导致的口岸入境大厅自助信息采集点所聚集的行人较平日增长的情况。除此之外，节假日来往港深之间的客流一般主要集中在罗湖、皇岗、福田、深圳湾、西九龙高速铁路车站等口岸，管理部门应提前做好客流预测及调度资源部署，同时及时发布口岸周边交通状态，方便乘客合理选择交通方式离开或者到达口岸。此外，提醒乘坐飞机或船舶等交通工具出入境的旅客，注意将边检通关时间纳入行程计划，提前到口岸办理边检手续。

7.3.2 口岸交通管理与服务保障

在强化节假日口岸交通管理、服务保障方面应采取以下举措：

（1）科学分析判断，防范化解风险。根据节假日出行规律、地域交通特点，预判交通流量变化和交通安全形势，及时防范化解风险隐患。结合导航平台的运行数据，准确掌握进出口岸通道、景区周边道路的堵点、乱点和安全隐患，实行“一点一预案”，因时因地施策。重点判断交通违法事故易发多发的时段、路段，实行“一口岸一方案”，落实针对性管控措施。

（2）加强协同联动，应对出行高峰。针对各口岸收费站、服务区等容易拥堵区域，积极同交通运输部门、公路经营管理单位确定进出口岸的“免检通道”与“免检车辆”，快速疏导节假日车流；对于进出粤港澳大湾区内景点的主要通道，各景区管理单位协同优化交通组织，最大限度减少车辆排队对周边道路交通的干扰。

（3）强化安全警示，提升服务意识。各口岸在节前、节中和返程阶段分批发布疏导管控方案措施，点对点发布交通安全预警信息，及时引导群众理性安全出行。做好应急准备，发挥口岸的应急处置中枢作用，及时发现拥堵、事故等突发情况，迅速精准处置，避免口岸形成大拥堵、大事故。

此外，未来应进一步优化口岸功能布局，继续推进口岸通关模式创新，进一步加强粤、港、澳三地的合作，将大湾区口岸打造成为最具竞争力和吸引力的口岸。两岸不仅有口岸规则对接的共同需求，而且具备全面对接的充足动力和良好基础，双方既要充分尊重彼此之间的差异，又要谋求在实现共同目标中形成合力，为群众在节假日出行创造良好的交通环境。

7.4 节假日跨境旅游产品规划

粤港澳大湾区旅行的定位就是吸引两岸旅客到对岸探索并感受不同的社会与文化环

境。同时，旅游服务资源布局对于跨境旅游产品规划也必不可少，包括景区的内外部旅游线路及项目的具体设置。因此结合相关要素，进行合理的布局设计，构建更佳路线，是旅游产品设计以及旅游策划的共同任务。

7.4.1 开发创新旅游产品

粤港澳大湾区各座城市在文化及地理环境等方面有较大的差异性，这种差异造就了丰富多样、互补性强的旅游资源和旅游产品，为区域旅游市场合作奠定了良好基础。粤港澳大湾区旅游产业发展应该打破传统模式，开发跨境创新旅游产品。随着观念的转变，游客的消费方式也在发生着巨大的变化，游览观光和文化体验成为主要的旅游目的。在这样的背景下，开发以下两类创新旅游产品可有效提高旅客的出行及游览体验。

（1）规划集成式旅游专线。为了更有效率、更加充分地让游客一站式地享受大湾区内不同的且相互独立的景区文化，特色旅游景点需要被有效地串联起来，同时规划具有文化特色的旅游专线来减少旅客的出行时间，使乘客体验集成式的出游体验。同时，该类方式为游客提供了便利的公共交通方式，极大地刺激了游客选择公共交通出行，从而减少节假日私家车的出行，缓解了粤港澳大湾区节假日的交通拥堵。例如云顶邮轮集团、香港旅游发展局、广州港集团、广之旅等在广州（南沙）邮轮母港共同举办了“一日梦享·大湾邮”首航活动，共同开启首个大湾区邮轮航线，这是粤港澳大湾区首个创新旅游产品，也是“游·行”深度融合的特色产物。自南沙国际邮轮码头正式投入运营以来，南沙邮轮旅游已逐渐成为市民喜闻乐见的出游方式。所以集成式出行旅游产品可以让游客在充分感受景点文化和景色的同时减少无效的等待时间和滞留时间，有效缓解节假日客流量饱满的问题。

（2）加强景区配套集散服务管理。节假日期间，在各大枢纽及景区集散中心堆积着大量游客，为景区提供配套的集散服务，将乘客往返接送于大容量公共交通站点与景区之间，能够有效提升主要交通枢纽及景区的集散能力。为了提高热门景区公共交通的可达性和便捷性，节假日期间应优化公共交通运力供给，探索建设旅游交通公共平台，推动景区门票与城市公共交通一体化服务，引导游客乘坐公共交通工具。除此之外，还应增强热门景区旅游出行的保障能力，特别是节假日期间，可增加景区与城市对外交通枢纽（高速铁路车站、汽车客运站）间、景区与景区之间的公交线路或客运班线运力投放。

7.4.2 积极推进游客联程联运

完善跨境出行游客联程联运服务是提高游客出行体验的重要保障。粤港澳大湾区应积极推进跨运输方式客运联程系统的建设，从而提高“一站式”票务服务的质量。其中，发展“一/多日通”的票务服务及推进粤港澳乘车卡联动是两种行之有效的方式。

（1）发展“一/多日通”出行服务。节假日粤港澳大湾区的跨境出行特点往往是旅客单日往返，所以推出游客专用的公共交通“一日通”或者“几日通”的出行服务，不仅可以简化乘客的购票手续，同时还可以刺激更多的乘客选择公共交通出行，减少道路拥堵。“一日通”地铁出行卡，主要用于粤港澳跨境的公共交通出行，适用于发票当日起一个月内任何一天无限次乘搭地铁、轻轨及旅游巴士跨境出行。参考香港目前已有的“全日通”的服务模式，可推出跨境出行与旅游景点联合的套票，重点筛选热点景区进行服务，满足乘客的实际需求。旅客可以根据自己的出行情况选择适合自己的套票出行。单日套票包括过境来回票及市区全日通各1张。除了全日票之外，针对旅游天数超过1天的跨境出行，还可以推出“多日通”的游行套票。套票包含多程往返的出行服务、连续多天无限次乘搭往来特色景区的旅游巴士或者地铁出行服务等。

（2）推进粤港澳乘车卡联动。广东与香港、澳门地区均有独立的公共出行系统，面对粤港澳大湾区节假日众多出行者，应考虑两岸三地的乘车卡联动，对其收费系统进行标准化。目前比较具有代表性的地区乘车卡是香港通用的电子收费卡，即“八达通”，其最初只应用于公交、铁路等公共交通工具上，后来陆续扩展至其他行业，包括商店、停车场等业务。以“八达通”为代表的乘客卡目前仅限于特定的区域使用，如果将该类乘车卡的使用权限进行拓展，实现粤港澳跨境联动，则可有效改善两岸节假日的跨境交通，便利两岸的出行。所以，多地公交运营公司可发行合作框架协议，开展互联互通的合作项目，共同研究及发行多合一的出行卡，涵盖多家公司的电子支付网络，然后由各地通过己方的系统进行结算。

7.4.3 旅游产业关联带动

粤港澳大湾区城市群内旅游产业的协同发展空间应进一步拓展，使广东与香港、澳门地区旅游业形成联动，向腹地辐射带动粤东、西、北旅游产业带，打造出一个层次更立体、覆盖链条更全面的大湾区旅游生态与形态。应主要从以下几个方面考虑发展。

（1）促进旅游联动发展，增强产业融合效能。加强大湾区旅游发展协调统筹，发挥旅游发展综合效应，形成重点景区、一般景区、景区周边休闲度假区、城市休闲产业区、乡村休闲产业区五级联动的发展格局。发挥旅游业带动性强的优势，通过旅游发展推动各产业融合进程。

（2）强化城市旅游对接，优化大湾区空间结构。粤港澳大湾区资源基础良好，旅游合作区域优势明显。如海滨是香港、深圳、东莞、惠州的主要旅游资源，打造世界级海滨旅游湾区是该城市群发展旅游经济的核心，深圳和香港作为城市群内旅游经济发展的主导力量，发挥优势带动东莞、惠州的旅游业发展，形成联动效应；澳门与珠海横琴自贸区的融合，将推动该城市群在旅游休闲、特色小镇及生态环境等方面的发展，并推动澳珠中江城市群旅游经济崛起，拉近与传统的旅游发展较为发达的香港—深圳—东莞—

惠州城市群的距离。

（3）增强旅游宣传营销，打造大湾区旅游品牌。在全域旅游背景下，强化粤港澳大湾区旅游目的地形象宣传，创新宣传渠道，扩大营销范围，聚合精准受众，增强大湾区文化旅游品牌辐射力。一方面，强化客源地营销，通过线上宣传、广告投入、消费体验等方式，围绕特色旅游产业产品与高端旅游市场，扩大粤港澳旅游品牌优势。另一方面，强化目的地营销，完善旅游公共服务体系，培育游客的忠诚度，优化并提升旅游目的地形象。此外，利用新媒体便利性、互动性和及时性等优势，通过“旅游＋互联网”等营销模式，线上线下并举，推广、销售粤港澳核心旅游城市和休闲旅游产品，打造高品质、有口碑的粤港澳大湾区世界旅游目的地。

8 粤港澳大湾区节假日交通枢纽与场站组织

交通枢纽是一种或多种运输方式的交叉与衔接设施，共同办理客货的中转、发送、到达所需的多种运输设施的综合体。客运系统的交通枢纽主要由车站、港口、机场和各种线路以及为完成上下客、中转、各种技术作业所需的设备等组成。交通枢纽场站的布设、运营和组织会显著影响客流的在途时间，因此对大湾区城市节假日交通组织有着重要的影响。

8.1 粤港澳大湾区交通枢纽与场站布局规划

交通枢纽在粤港澳大湾区重大节假日客流高峰交通组织中扮演着重要的角色，是协调运营企业、组织联合运输的关键节点。本节结合广东省春运交通大数据分析平台，在对交通枢纽进行分类的基础上，依托客流数据、网络结构等识别粤港澳大湾区广东省内9市的重要交通枢纽，然后分别设计相应的交通组织模式与方案。

8.1.1 交通枢纽分类

广东省春运交通大数据分析平台对广东省境内各地市交通枢纽依据主要交通方式进行了明确分类，包括铁路交通枢纽13个、公路交通枢纽（客运站）19个和航空交通枢纽（机场）4个。其中，粤港澳大湾区广东省内9市的交通枢纽共36个，占广东省境内交通枢纽总量的82.5%。

（1）铁路交通枢纽（13个）。

深圳北站、深圳西站、深圳站、广州北站、广州东站、广州南站、广州站、惠州站、东莞东站、东莞站、虎门站、佛山西站和珠海站。

（2）公路交通枢纽（19 个）。

深圳福田汽车客运站、深圳罗湖汽车客运站、广东省汽车客运站、广州汽车客运站、茂名客运中心站、佛山汽车站、中山汽车总站、江门汽车客运站、东莞汽车总站、潮州汽车客运站、深圳市龙岗汽车客运站、深圳汽车站、芳村汽车客运站、天河汽车客运站、香洲长途站、中山小榄客运站、惠州汽车总站、东莞长安车站和清远汽车客运站。

（3）航空交通枢纽（4 个）。

深圳宝安国际机场、广州白云国际机场、湛江机场和潮汕国际机场。

结合广东省春运交通大数据分析平台所提供的各枢纽日均旅客发送量与到达量数据，本书识别出粤港澳大湾区广东省内 9 市内的重点交通枢纽包括广州南站、深圳北站、广州站、深圳站、广州白云国际机场、深圳宝安国际机场等。以下将对这 6 个重点交通枢纽进行介绍。

广州南站位于广州市番禺区，为特等站，是中国铁路广州局集团有限公司管辖的一座高速铁路车站。广州南站连接京广高速铁路、广深港高速铁路、贵广高速铁路、南广铁路、广珠城轨和粤西沿海铁路，是粤港澳大湾区、泛珠三角地区的铁路核心车站，是广州铁路客运枢纽的站点之一。

深圳北站位于深圳市龙华区民治街道，由中国铁路广州局集团有限公司管辖，是深圳铁路“四主四辅”客运格局的核心车站，也是广深港高速铁路中间枢纽站和杭深铁路的始发站。截至 2021 年，深圳北站是深圳市规模最大、接驳功能最为齐全、设备技术最先进、客流量最大的特大型综合铁路枢纽。

广州站是中国铁路广州局集团有限公司管辖的一座特等站，是广深铁路、京广铁路、广茂铁路、广佛肇城际轨道及广州地铁 2、5 号线交会的车站，是广州市内最主要的铁路客运站之一，同时是我国主要铁路枢纽站之一。广州站站场总面积 12 万平方公里，候车室面积 8504 平方公里，售票处面积 1108 平方公里，行包仓面积 3823 平方公里，站台规模为 4 台 7 线，车站可日发送旅客 3 万人次。

深圳站位于深圳市罗湖区，是中国铁路广州局集团有限公司管辖的一等站，为深圳铁路枢纽的重要组成部分，是我国铁路的大型口岸车站之一，也是广深铁路城际列车的始发终到站之一。截至 2018 年 8 月，深圳站总建筑面积 9.6 万平方公里，候车室面积 1 万平方公里，可同时容纳 1 万名旅客候车。站场规模 4 台 8 线，单日可发送旅客 10 多万人次、接发列车 200 余趟。

广州白云国际机场位于广州市白云区人和镇和花都区新华街道、花东镇交界处，为 4F 级民用国际机场，是我国三大门户复合枢纽机场之一，世界前 50 位主要机场。广州白云国际机场拥有两座航站楼，分别为 T1 航站楼和 T2 航站楼，共 140.37 万平方公里；共有三条跑道，停机位 220 个，可保障年旅客吞吐量 8000 万人次、货邮吞吐量 250 万吨、飞机起降62万架次；共开通中国国内外220多个通航点，其中国际及地区航点近90个。

深圳宝安国际机场位于深圳市宝安区、珠江口东岸，距离深圳市区32公里，为4F级民用运输机场，是世界百强机场之一、国际枢纽机场、中国十二大干线机场之一、中国四大航空货运中心及快件集散中心之一。深圳宝安国际机场共有航线188条，其中国内航线154条，港澳台地区航线4条，国际航线30条；通航城市139个，其中国内城市108个，港澳台城市4个，国际城市27个。

8.1.2 交通组织内容

交通枢纽交通组织的主要内容包括两个方面，分别是行人交通组织和车流交通组织。

1）行人交通组织

行人交通组织包括交通枢纽建筑外部行人交通组织和建筑内部行人交通组织两部分。一般来讲，建筑外部行人流线应简单明了、尽量与车辆流线分离，通过设置齐全的引导标识，引导进出枢纽的客流分散于枢纽的多处出入口，避免过分集中。在建筑内部，由于人流的方向性、流动性存在很大的差异，通常采用空间分离政策进行组织。同时由于人在建筑内部的方位感相对较差，枢纽内部平面、立体的客流转换方式较多，需要足够的引导信息标识帮助客流实现不同交通方式的转换。考虑到重大节假日期间客流暴增及外地游客比例相对较高，需要增加并完善建筑内外的引导标识来保障人流的顺畅性。

2）车流交通组织

交通枢纽车流交通组织原则上应实现多口进出、主次分明，公交车、出租汽车、小汽车、公路长途车、自行车等各行其道，避免相互间的干扰。同时，在交通枢纽内部车流组织中，应结合具体的交通流量，对停车场、泊位、站台布置等进行优化管理。在重大节假日期间，考虑到车流的暴增，为了进一步提高其通行效率，一方面可以通过公共交通优先等政策提高大运量公共交通的通行及周转效率，另一方面可以综合运用经济手段并加强监管力度等降低社会车辆在交通枢纽的停车等待时间，加快通行效率。

8.2 粤港澳大湾区运输场站作业组织

客运场站的作业组织可分为客运场站流线组织、流程组织和技术作业组织。单项业务客运站（仅承担客运业务）的等级按照表8-1所列标准进行划分，如广州南站为特等站，广州北站为二等站。一般情况下，等级越高的客运场站作业组织要求越高。

8.2.1 流线组织

流线是客运站内旅客、行包、车辆的集散活动所产生的流动过程和流动路线，是客运站站房总体布局、旅客和行包运输工作组织的主要依据。客运站流线按性质分类可以分为旅客流线、行包流线和车辆流线；按方向分类可以分为进站流线和出站流线。

客运场站（单项业务）等级划分表 表 8-1

等级	上下车及换乘旅客（人次）	到发、中转行包（件）
特等站	60000	20000
一等站	15000	1500
二等站	5000	500

流线组织要遵循一定的原则，尽量避免和减少各种流线的相互交叉干扰，避免流线迂回，最大限度缩短旅客步行距离，力求简洁、明确、通畅，并使各种流线自成体系地有机联系。站前广场应适当分流，并注意与城市交通流线的衔接。粤港澳大湾区作为全国经济的重要增长极，日常承担的客运工作较为沉重且烦琐，场站作业的流线组织更应力求规范、便捷和高效。

旅客进站流线的特点是检票前比较分散，速度较慢，可将其大致分为四种。其中绝大多数旅客按照普通旅客流线完成进站作业，即：到站→（问询→购票→托运行李→）候车→检票→上车。中转旅客的作业流线是出站签票后进入候车室，随普通旅客一起检票进站，或不出站，在站台上直接换乘。在粤港澳大湾区的区域一体化发展进程中，邻近城市间的短途运输需求将会进一步增加，且在所有旅客中短途旅客占比趋于稳定，这类群体是提高作业效率可关注的重要旅客群体。此外，残疾人、妇幼旅客、贵宾等进站需要开辟特殊旅客流线。

旅客出站流线的主要特点是人流集中，行走速度快，作业流线单一，即：下车→检票出站。

在机场和客运量较大的场站作业中，需要组织专门的行包流线，按照基本流程分为发送行包流线和到达行包流线，分别是托运→过磅→保管→搬运→装车和卸车→搬运→保管→交付。行包流线除节约时间与空间外，更多反映了粤港澳大湾区客运场站的服务质量，因此更要考虑人性化，争取旅客的好感。

车辆进出站口应沿站外城市主干道的顺行方向分开设置，车辆流线进出站分离，对于中小型单层客运站做到同一平面上流线分离，而大型双层客运站实行空间上的流线分离。例如，即将大规模改造的广州北站，有望成为广州地区最大的高速铁路枢纽和新白广城际铁路工程的重要枢纽，和广州白云国际机场共同组成珠三角城际旅客的“1 小时交通圈”。为适应扩大的旅客规模和多式联运的需求，广州北站的各类车辆进出流线的空间划分必须更加严格，从上到下可依次划分为长途枢纽层、公交枢纽层、轨道站厅层和轨道站台层，确保各层流线方向和种类，实施专门化运行。

8.2.2 流程组织

对于客运场站的作业流程，可按照场站提供服务或旅客办理业务的内容分类组织，每项流程应由专门负责人员安排，及时调整。

1）售票工作

在不同位置设置售票处，包括车站售票处、市内售票处和临时售票处，在满足不同旅客的需求的同时减少站内售票不必要的集中和排队，分散进站作业的压力。售票工作要求迅速、准确、手续简便，根据始发及过往列车发售票额合理制订售票计划，设置售票窗口，在售票工作中规范售票礼仪和售票、退票作业程序。提高售票工作的效率和质量，以及和其他作业流程的配合度。

2）旅客乘降工作

旅客乘降工作主要包括检票服务、站台服务和出站口服务。提高上述服务质量的关键是场站内外信息流线畅通，确保旅客能及时获取对各类信息。例如通过广东省春运交通大数据预测分析平台及其相关微信公众号，可以把广东省春运期间主要客运集散地的旅客聚集情况、高速公路和国省道的通畅情况、春运旅客流向、各类运输方式的客运承担量的数据分析和实时图像呈现给需要的旅客，如图 8-1 所示。该信息有助于旅客及时获取省内各类客运场站的历史和实时客流数据，鼓励旅客选择更合适的场站和到达时间，有效减少场站内旅客的非必要等待时间。

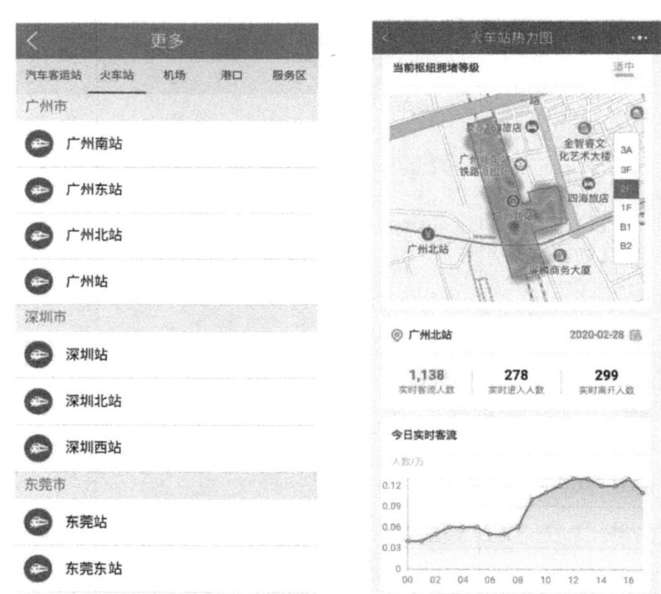

图 8-1 广东省春运交通大数据公众号枢纽数据发布截图

3）客运服务

客运服务也是作业流程中重要的环节，重点是问询处和候车室的服务工作。问询处的主要功能是接待和解答旅客问询、出售站台票等，候车室负责组织候车、服务旅客和协助检票等，此外还需完善小件寄存处和广播室等职能部门的服务工作。

4）行包运输工作

行包运输工作包括发送作业（承运、保管、装车）、到达作业（卸车、保管、交付）和中转作业（卸车、保管、装车）。行包运输工作的各项程序有序组织是行包流线高效运转的前提。

8.2.3 技术作业组织

以火车站为例，客运站技术作业的内容可以按照服务列车的种类划分。始发终到列车的技术作业包括列车到发、列车摘挂、列车技术检查、车底取送、个别车辆摘挂、餐车整备等；而对于通过列车，技术作业还包括客车上水、上燃料等；市郊列车和始发终到列车的技术作业相近。

客运站技术作业的特点是旅客列车大都每天固定线路、时刻运行，其行车量、行车时刻表、到发站台较固定，便于精确计划技术作业。同时，列车编组内容较固定，一般无须对整个车底进行编解调车作业。行车作业必须与车辆整备作业及客运工作配合，与旅客列车运行图相协调，保证旅客列车正点运行。

除充分保证行车、调车和旅客安全的基本要求之外，在编制客运站技术作业过程时，应将直通、管内与市郊列车分开，充分考虑各自的路径，最大限度进行平行作业，消除各项作业的中段时间。各项技术作业的时间标准切实可行，广泛采用各种先进工作方法及机械化、自动化设备。

8.3 粤港澳大湾区节假日期间的交通枢纽与场站组织

客运场站作为客流集散的关键节点，其基本功能包括有机地整合城市对外及城市内部各运输方式，为城市对外公共出行提供“高效、安全、顺畅”的换乘及对外出行服务，并为运输经营机构提供运输组织及场站作业的场所。重大节假日出行高峰期间，大湾区旅客数量明显增多，客运系统压力急速增大，客运场站和交通枢纽的组织也面临巨大的考验。本节主要考虑从场站作业组织、内部和外部交通组织三个方面对节假日期间大湾区客运枢纽的交通组织进行优化。

8.3.1 客运场站作业组织

客运站场是交通基础设施、社会公益性设施、经营性设施，是运输网络的重要节点，也是多种运输方式互相衔接、发展综合运输的组织中心。客运站是旅客集散的地方，具有客运组织、协调、监督运输工作的重要作用，是旅客候车及办理售票、行包托运、寄存以及各种旅行手续的场所，是旅客空间位移的起止点和集疏场所，是空间交通、立体网络的交叉点，是交通运输中的重要环节。

根据客运市场的客观要求，对于较大规模客运站，应该具备运输服务、运输组织、中转换乘、通信信息和辅助服务等功能。

1）运输服务

致力于为公众提供更便捷、安全、宽敞的运输环境和高效、优质、经济的运输服务。在节假日等运输需求有规律地增长的关键节点，应将旅客增长明显的场站作为客运系统的薄弱节点，在有条件的情况下增加运输班次，有针对性地增大运力。

2）运输组织

（1）运输生产组织。对于客运站来说，运输生产组织包括问询、发售客票、小件寄存、广播通信、候车服务、检验车票等为组织乘客上下车而提供的各种站务管理与服务工作，以及为运营车辆安排发车班次、制定发车时刻、提供维修与管理服务。为保障节假日期间客运场站的服务质量，提高服务效率，可以加派服务人员数量，在日常工作中提高服务人员整体素质，完善服务设施，同时支持网络售票、人脸识别检票等技术的普及。

（2）客流组织。客运站应通过生产组织与管理，收集客流信息和客流变化规律资料，根据旅客流量、流向、类别构成等特点，合理安排运营线路、运力和班次，开辟新客运班线，以良好的服务和公关活动吸引新客源。

（3）运力组织。客运站基于客源及客流信息组织各种经济成分的运营车辆进行旅客运输，通过市场机制协调运力与客源之间的匹配关系，使运力与运量始终保持相对平衡，为社会提供有效的配载服务，提高资源利用率和转化率。

（4）运行组织。运力组织包括办理运营车辆到发手续，组织运营车辆按班次时刻准点正班发车；根据客流的特点制定运营车辆的运行方式和最佳线路，制订合理的运行计划，使运营车辆有序运转；利用通信信息手段及时掌握运营线路通阻情况，及时向驾乘人员提供线路通阻信息，联合处理车辆事故，组织救援等。

3）中转换乘

为提高中转换乘效率与舒适性，客运场站应在重大节假日期间增加配备相应的站内服务设施，保证旅客方便、安全、经济、迅速地完成换乘，同时为旅客和车主提供双向服务，合理组织联运。

4）通信信息

客运场站利用信息传递与交换设备系统，使不同场站如汽车客运站、水路运输站场、铁路站场和航空港之间实现信息互通、资源共享，实现各种运营信息迅速、及时、准确地传递和交换。

5）辅助服务

辅助服务为旅客和驾乘人员提供餐饮、住宿、休闲、购物等服务，为运营车辆提供停放、安检和维修服务，为进入场站的各种车辆提供停车服务。辅助功能是必备功能的延伸部分，在一定程度上反映了客运场站的服务水平。

8.3.2 客运站内部交通组织

客运场站内部交通组织是确保客运场站顺利运营、高效运转的关键。最大限度满足旅客短时间激增的出行要求，不断提高服务质量和社会经济效益，创造快捷、方便、舒适、环保的出行服务是客运站的目标。

客运站内部交通组织包括两个层次。第一个层次是车流交通组织层次，即不同车型的车辆在到达客运站内的交通流组织。按照车辆流线可将车流划分为班线（离开和到达流线）、出租汽车、社会车辆等。各路流线在时间和空间上各自分离、独立运行，流量增加趋势显著的流线可以分配更多空间，保证资源合理利用，车辆流线有序运转。第二层次是客流交通组织，即旅客到达汽车客运站内的交通流组织。旅客无论乘坐什么交通工具到达车站，其在客运站内的流线基本是一致的。

8.3.3 客运站外部交通组织

客运场站外部交通组织的主要工作是引导站内旅客出站，其基本途径有两种：一是随上车或登机客流乘坐相应的交通工具离开车站，二是旅客到达客运场站后汇入城市内的交通流，即客运场站与城市区域交通的衔接。

第一种出站途径要求场站通过广播、地勤、场站工作人员等及时告知旅客实时发车信息，科学划分场站区域。可根据各站实际需求自行调整检票排队时间，最大限度节约场站内的空间，保证各路客流流线通畅，同时保证紧急情况下疏散群众的通道和空间。在重大节假日期间，应根据客流变化，加大场站工作人员投入，及时引导候车旅客上车，同时增加检票、安检等通道，提高旅客的离站效率。

第二种离站流线分以下四种情况进行说明。

1）铁路客运站与区域快速交通的衔接

铁路客运站和站前广场汇集了从城市外部进入城市的客流及城市内部通过各种交通方式到达铁路客运站的客流。处理好市内交通与对外交通的衔接能够快速疏散出入城市的客流，减少交通压力。铁路客运站与快速交通（高速公路等）衔接的关键是在车站附近合理设置过渡路段和入口，以及配套清晰引导标识。

2）铁路交通与区域内交通的衔接

（1）轨道交通。轨道交通的规划设计应与铁路车站设计结合，减少换乘步行距离，尽量使轨道交通的站厅或出入口靠近铁路站台及出入口，使乘客不用出站即可实现轨道交通与铁路间的换乘。同时，在重大节假日期间，可通过联合安检等方式提高高速铁路交通与轨道交通的换乘效率。

（2）公交系统。地面公交枢纽是构成铁路客运站内外的交通重要衔接点。在铁路客运站附近设置公交专线，使其尽量位于铁路广场的出入口附近，旅客可以直接换乘到达目的地。同时，在重大节假日期间，应根据客流情况及列车时刻信息，加开部分线路或延长公交系统运营时间，从而保证客流的及时疏散。

（3）出租汽车、社会车辆。出租汽车下客区、候客区应设置在铁路客运站中，同时在重大节假日应加强对网约车等社会车辆的管理，通过设置最长等待时间等方式，提高出租汽车和社会车辆的周转效率。为了减少社会车辆停放占用车站广场面积，可以设置地下停车库，为社会车辆提供停放车位。

3）公路客运站与区域快速交通的衔接

公路客运站及相关设施的布置，应保证旅客方便换乘其他运输方式，并直接在客运站附近设置社会车辆停车场。经过长途客运站的公交线路应设置过境站，少量设置终点站，以减少公共交通车辆进出长途汽车站与长途汽车车辆进出站的干扰。

4）航空港站与区域快速交通的衔接

航空港站是城市对外交通的空中门户，一般远离市区，因此与机场衔接的城市交通系统要突出快速性的特点。机场客运交通的衔接方式主要有四种，即机场巴士、出租汽车、轨道交通和社会车辆。同时在重大节假日期间，应加大对出租汽车（含网约车）等的集中调度与管理机制，增开机场专线巴士等，提高旅客疏散效率。

9 粤港澳大湾区节假日道路运输组织评价

为了更加准确地把握粤港澳大湾区节假日道路运输组织存在的问题及不足，本章分别从供给侧结构性改革、信息化发展战略、公众出行等方面，分析与运输质量、运输效率、运输效益和安全快捷等相关的评价指标和方法。

9.1 供给侧结构性改革与运输质量

9.1.1 基本内涵和要求

供给侧结构性改革是相对于过去需求结构性侧改革而提出的新概念和新思路，是指从过去着重强调需求扩张提供动力，转变到着重提高供给质量和效率来提供新动力，从而推进经济结构性改革，促进经济结构的转型升级。供给侧结构性改革旨在调整经济结构，使要素实现最优配置，提升经济增长的质量和数量。

习近平总书记在中央财经领导小组第十一次会议上提出“要牢固树立和贯彻落实创新、协调、绿色、开放、共享的发展理念，适应经济发展新常态，坚持稳中求进，坚持改革开放，实行宏观政策要稳、产业政策要准、微观政策要活、改革政策要实、社会政策要托底的政策，战略上坚持持久战，战术上打好歼灭战，在适度扩大总需求的同时，着力加强供给侧结构性改革，着力提高供给体系质量和效率，增强经济持续增长动力，推动我国社会生产力水平实现整体跃升。”[1]随后，中央领导密集提出了供给侧结构性改革的要求，并提出必须下决心在推进经济结构性改革方面做更大努力，使供给体系更适

[1] 引用自《人民日报》(2015年11月11日01版)《习近平：全面贯彻党的十八届五中全会精神　落实发展理念推进经济性改革》。

应需求结构的变化。2015 年 12 月中央经济工作会议中指出，在 2016 年及今后一个时期，要在适度扩大总需求的同时，着力加强供给侧结构性改革。2017 年 10 月 18 日，习近平总书记在十九大报告中指出，深化供给侧结构性改革，建设现代化经济体系，必须把发展经济的着力点放在实体经济上，把提高供给体系质量作为主攻方向，显著增强我国经济质量优势。[1]

供给侧结构性改革包括四个方面的要求：一是发展高端制造业和现代服务业，增加有效供给；二是压缩落后产能，解决中低端产品过剩；三是鼓励创新，发挥创新的乘数效应；四是破除垄断、放松管制、减税，降低企业运行成本和市场交易成本（包括去除财政和金融领域积累的风险等）。

9.1.2 供给侧结构性改革与交通运输发展

交通运输部指出，供给侧结构性改革在交通领域，主要抓好六个方面工作：加大基础设施补短板的力度；进一步降低物流成本；加快优化营商环境；强化高品质交通运输服务；加快培育交通运输新动能；提升综合交通运输效率。交通运输是连接生产和消费的重要环节，交通运输供给的优劣，会传导到经济供给侧，进而影响经济发展质量和效益，因此交通运输发展质量效率的提高，既是国家供给侧结构性改革的重要内容，也是扩大交通运输有效供给的内在要求。

粤港澳大湾区作为经济发展最活跃、改革成效最显著的区域，应充分考虑不同地区的实际需求，加快完善交通基础设施网络、着力增强交通管理服务效能、切实改善交通运输服务水平。大湾区应在保持一定的发展速度下，加强薄弱环节建设，优化网络结构发挥交通网络的整体效能和网络效益；着力提高投资的有效性和精准性，形成粤港澳大湾区内的区域、城乡、城际及国内国外交通基础设施供给的平衡结构，加快建成综合交通基础设施网络；加强各种运输方式的深度融合与有效衔接，更好发挥铁路运输和水运在大宗货运中的比较优势，发挥好综合交通运输的组合效率。立足大湾区的交通运输现状，对标国际先进水平，推动综合交通运输体系深度融合、协同发展，创新体制机制，激发交通运输发展的内生动力。深入实施创新驱动发展战略，以科技创新引领交通运输的全面创新，突出科技创新的引领作用。依托政策创新、管理创新、技术创新，由要素驱动向创新驱动转变，不断提高交通运输发展质量和效率。

新形势下粤港澳大湾区交通运输的发展要适应经济发展新常态，继续增强交通运输的总体供给能力。大湾区经济稳增长任务繁重，交通运输仍需要继续发挥有效投资对冲经济下行压力的关键作用。满足消费新需求，推动第三产业发展，满足多样化的出行需求，需要提供大运量、高品质、差异化的运输服务。在这种情况下，未来交通基础设施需要按照适度超前的原则，继续保持一定的投资规模和建设速度，全面提升交通总体供给能

[1] 新华社北京 10 月 27 日电。

力和综合服务水平，为实现提质增效增添动力。

全面提升基本公共服务均等化水平，进一步优化投资结构，提升交通运输基本公共服务总体水平。要提升交通运输服务品质，增加更多出行选择，改善群众出行体验，更多关注交通弱势群体出行，不断增加居民的获得感。积极应对生态环境约束，努力实现交通运输绿色发展，把绿色发展理念贯穿落实到交通运输发展各个领域和全过程，促进交通运输与自然和谐发展。通过技术进步推动绿色发展，推进绿色循环交通基础设施建设，推广低碳环保运输装备应用，推动多式联运和甩挂运输发展。要通过制度设计引导绿色发展，形成推动绿色交通发展的长效机制。

9.1.3 交通运输质量提升路径

在供给侧结构性改革的大背景下，应重点从以下五个方面提高交通运输质量：

（1）交通运输总体供给能力。交通运输作为基础性先导性产业和促进经济结构调整、服务经济增长的重要领域，应按照适度超前的原则，继续保持一定的投资规模和建设速度，加快推进重大交通基础设施建设，加快完善基础设施网络，全面提升交通运输的总体供给能力和综合服务水平。

（2）交通运输基本公共服务均等化水平。作为服务保障改善民生的重要领域，应全面提升交通运输基本公共服务均等化水平和服务品质，让群众共享交通运输发展的新成果。应围绕交通运输发展短板和薄弱环节，进一步优化投资结构，扩大交通网络覆盖范围和通达深度，提升交通运输基本公共服务均等化水平。

（3）综合交通发展水平。深化综合交通运输改革，要求各种运输方式深度融合、协同发展铁路、公路、内河、航空等方式布局的有效衔接，统筹集约利用通道资源，优化通道能力配置。加强公路与铁路场站、机场、港口等交通枢纽的衔接。积极发展公铁联运、公水联运、陆空联运和甩挂运输等先进的运输组织模式。强力推动各种运输方式有效衔接、大力推进运输服务提质增效升级，更好地满足交通运输支撑经济社会健康发展和服务人民群众便捷出行的需求。

（4）交通与互联网的融合。应积极响应“互联网＋”行动计划，深入实施“互联网＋便捷交通”“互联网＋高效物流”，加快推进智慧交通建设进程，推进交通运输行业信息资源开放共享，促进新一代信息技术与交通运输有机融合，为优化结构、实现提质增效增添动力。

（5）交通运输绿色发展水平。绿色发展理念应贯穿落实到交通运输发展各个领域和全过程，探索交通运输可持续发展的新模式。节约集约利用土地、岸线资源，推广废旧路面等资源再生循环利用；积极发展先进的组织方式，大力优化运输结构，强化结构性减排和技术性减排；加强交通基础设施建设发展中的生态保护和污染综合防治，促进交通与自然和谐发展。在绿色环保、低碳交通领域取得一批行业领先、实用性强的创新成果。

建立健全交通运输绿色发展制度和标准体系，强化标准的实施与监督，用标准支撑和引领交通运输发展。

9.1.4 交通运输质量评价体系

运输质量对于社会个体来说，是运输系统在满足旅客位移过程中的安全性、经济性、服务性等要求的总和，对于整个社会来讲，是指在现有的技术设施设备条件下，其在发展过程中对经济社会的发展所起的推动作用，对社会环境和自然环境等的总体要求。对于运输质量的评价，可从运输基础设施设备评价、运输信息化评价、运输安全性评价、运输服务性评价、运输经济性评价五个方面综合考虑，建立运输质量评价指标体系。

1）运输基础设施设备

运输基础设施设备的评价可以依据不同的运输方式确定相应的评价指标。公路运输中的基础设施设备评价可以从公路网密度、路网饱和程度指标、运输信息化程度等方面建立评价指标。

公路网密度指标主要包括公路密度和道路网密度。公路密度是指每百平方公里或每万人所拥有的公路总里程数，是区域公路发展水平的重要标志，也是衡量公路作为社会经济发展中重要基础设施而满足交通需求的直观指标，刻画了公路网络与其所服务的社会系统环境间的相对关系；道路网密度则是在一定区域内，道路网的总里程与该区域面积的比值，道路网密度是对道路长度与用地面积间发展关系的限定，它从长度上描述了不同城市规模应有的道路发展水平，是评价城市道路网是否合理的基本指标之一。

路网饱和度指标是描述道路承受的交通压力的指标，可以直接反映道路交通工序的均衡性。对区域而言，路网饱和度是指各路段交通量与路段通行能力的加权值。一般来说，饱和度越高，其承受的交通压力越大，发生拥堵的可能性越大，路网整体畅通可靠度越小。

2）运输信息化

运输信息化是供给侧结构性改革的任务和目标之一，衡量运输信息化发展的水平需要建立科学合理的评价指标体系和正确的评价方法，评价指标体系主要由四个方面构成：信息技术和信息设备利用能力指标，如局域网开发情况、网络利用率、智能化运输设备利用率等；信息资源开发和利用能力指标，例如单位网站建设水平、信息化科研项目占总项目的百分比等；运输工作人员的信息素质指标，如编程开发人员百分比；运输信息化发展政策指标，包括经费投入，法规、规章、制度等指标。

3）运输安全性

运输安全性评价反映铁路的管理水平、设备质量、人员素质和社会秩序的状况，是交通运输质量的重要表现，是交通运输最基本的目标和前提。评价安全性的指标主要是事故率和事故死亡率，同时应制定控制及考核运输安全的有关事故规则，将事故分为行车冲突事故、人员伤亡事故、行包事故和货物运输事故，每类事故按照严重程度分类。

4）运输服务性

运输服务性评价是衡量运输企业所提供的运输服务是否能够满足旅客的要求，是否能保证旅客安全、舒适（客运）、快速、准确、及时地送达，它属于对外服务质量评价。对运输服务质量的系统评价一般包括运输前期、运输过程、运输后三阶段的评价。为了直观、具有可操作性地评价，除了定性评价之外，更重要的是能够进行定量评价，因此，评价结集可以通过设定的指标来体现。其中，指标计算结果是指标加权值与达标客户值的百分比乘积，根据指标的重要度给出指标加权值的大小；达标客户的百分比是指在运输企业服务的客户中，认为运输服务质量达标的客户的占比。

运输前期评价主要是对运输企业的组织结构、运输生产计划、组织准备工作、可联系性等的评价，一般可用以下指标进行评价，见表 9-1。

运输前期评价表 表 9-1

指标名称	指标定义	指标加权值	达标旅客数	指标计算结果
组织结构的完整性	是否设有客户服务部			
	是否设有调度部门			
可联系性	客户是否能随时联系到运输部门			
运输计划的灵活性	是否能提供因客户需求变化而改变的运输计划			

运输过程中的服务质量评价是重点内容，主要是通过评价来衡量运输企业在提供运输服务过程中的服务水平和服务质量。评价指标种类繁多，一般从安全性、及时性、方便性、准确性、经济性和信息化程度六个维度综合考虑。以城市综合交通运输服务质量评价为例，评价系统的特色指标有客运枢纽运营服务水平（换乘便捷性、衔接有效性和人性化服务水平）、主要公交线路高峰时间平均旅行速度、旅客联程运输服务水平（开展“空巴联运”“空铁联运”、城市候机楼、定制式联运等旅客联程运输服务情况），以及城市交通绿色出行分担率（中心城区城市公共交通、自行车、步行等绿色交通方式出行量占所有交通方式出行总量的比例）、旅客出行服务满意度、城市交通服务与管理信息化水平等指标。除此以外，各城市以及各交通运输主体还可根据自身特点设定特色评价指标。

运输任务完成后，主要评价运输的后续服务水平，主要评价指标包括通知及时率、电话回访率、客户投诉率、投诉预警率、客户满意程度、索赔赔偿率等。

5）运输经济性

运输经济性评价指标一方面涉及完成运输服务的耗费运输成本与价格，以及旅客承担的运价，另一方面评价交通运输业对运输市场的供需均衡的宏观作用，包括运输基建项目投融资、经营、项目评价和不确定性分析。

在当前供给侧结构性改革的关键时期，无论何种产业，经济效益的提升都是产业生存及发展的核心内容，也是促进我国国民经济稳定、健康、可持续发展的前提。交通运输经济性评价指标体系的建立可以参考我国财政部出台的用于评价企业经济效益的规定，要求在评价过程中，从企业及交通运输行业的发展、盈利、运营、偿债、生产效率及生产销售衔接六个方面展开评价，遵循全面、科学实用、目标导向和可操作性四项原则设计指标。例如，财务指标的设定包含净资产收益率、总资产收益率、营业盈利率等指标，资产运营指标包含总资产、流动资产、应收账款的周转率指标，偿债能力指标包含资产负债率、流动比率、现金流动负债比率等指标，发展能力指标包含营业增长率、盈利增长率、总资产增长率等指标。需要注意的是，所列出的这些指标并非分散独立存在，而是彼此联系、相互依存、互相影响的关系。经济效益评价指标构建的突出特点，在于其应用的是定量指标，采用数字的形式来承担考核指标，而各个数据信息也能精准展现评价系统各个方面的情况。所以，通过数据所形成的经济效益评价指标，可以相互补充、相互完善，经过系统的筛选与确认后，才能真实、准确地呈现出大湾区交通运输产业经济效益情况。

9.2 粤港澳大湾区发展战略与运输效率

9.2.1 粤港澳大湾区战略定位

广东省在系统梳理《广东省国民经济和社会发展第十三个五年规划纲要》及30个专项规划基础上，与国家发展改革委和香港、澳门充分对接，形成广东省推进大湾区建设100项先导合作事项、平台和项目。建设粤港澳大湾区是习近平总书记亲自谋划、亲自部署、亲自推动的国家战略，是新时代推动形成我国全面开放新格局的重大举措，也是推进“一国两制”事业的实践创新。换一个角度说，粤港澳大湾区建设，是粤、港、澳三地优势互补、协同发展、互利共赢、共同繁荣的区域发展战略。

粤港澳大湾区发展战略制定和评估的关键是要充分考虑大湾区的战略定位。大湾区的战略定位有五个：一是充满活力的世界级城市群；二是具有全球影响力的国际科技创新中心；三是“一带一路”建设的重要支撑；四是内地与港澳深度合作示范区；五是宜居、宜业、宜游的优质生活圈。

在粤港澳大湾区庞大的城市群中，香港、澳门、广州、深圳作为中心城市，要发挥辐射带动周边地区的“引擎”作用。同时，其在功能定位上又各有分工、各有侧重。比如香港主要是巩固和提升作为国际金融、航运、贸易中心和国际航空枢纽的地位，推动金融、商贸、物流、专业服务等向高端高增值方向发展，大力发展创新及科技产业，建设亚太区国际法律及争议解决服务中心；澳门主要是建设世界旅游休闲中心、中国与葡语国家商贸合作服务平台，促进经济适度多元发展；广州主要是充分发挥国家中心城市引领作用，全面增强国际商贸中心、综合交通枢纽和科技教育文化中心功能；深圳主要是发挥作为经济特区、全国性经济中心城市和国家创新型城市的引领作用，努力建成具有世界影响力的创新创意之都。

9.2.2 粤港澳大湾区运输效率评价体系

为了适应大湾区的发展战略，充分考虑区域特征和区内城市的特点，建立多中心、高密度的交通网络，满足日常的生产生活需求，保证节假日期间整体的服务水平，应对有规律性变化的客流，可以从车辆、道路、人员和社会四个角度综合评价客运系统的运输效率。

1）车辆

从车辆的角度评价运输效率是微观层面的评价方式，其评价指标也是所有指标中最基础、应用最广泛的评价指标。本书采用汽车运用指标（Vehicle Operation Index），即从时间、里程、速度、吨（客）位及车辆动力等方面的利用程度来反映运输车辆的使用情况的一系列指标，量化评价运输效率。这些指标是反映汽车运输组织工作的水平和质量，分析汽车运用效率和运输成本的主要依据。

（1）时间指标。

①工作率。工作率是指统计期内工作车日与总车日之比，又称工作车率或出车率，以百分数表示。营运车辆一天内只要有工作即为一个工作车日。

②总车时利用率。总车时利用率是指统计工作日内车辆的线路工作车时与总车时之比，又称昼夜时间利用系数，以百分数表示。总车时由线路工作车时和库内停驶车时组成。

③工作车时利用率。工作车时利用率是指统计期内车辆在线路上的行驶车时与线路工作车时之比，以百分数表示。线路工作车时由行驶车时和线路上的停歇车时组成。

④完好率。完好率是指统计期内企业营运车辆的完好车日与总车日之比，以百分数表示。总车日是统计期内企业所有营运车辆在企业保有车日的总和，完好车日由车辆状态完好的工作车日和待运车日组成。

（2）速度指标。

①技术速度。技术速度是指车辆在行驶车时内的平均速度，它受交通管理和会车的停歇影响。

②运送速度。运送速度是指车辆在运送时间内的平均速度。计算运送速度时，只计算起运点出发至终运点到达时刻，不考虑上下客作业时间。

③营运速度。营运速度是指车辆在线路上工作车时内的平均速度。它考虑了装卸作业和办理行车文件时间的影响。

④平均车日行程。平均车日行程是指统计期内平均每一工作日内车辆所行驶的里程，以车辆在统计期内的工作车日总行程除以工作总车日得到。

（3）行程指标。

行程指标即汽车行程运用指标，为统计期内车辆的载重行程与总行程之比，也称里程利用率，以百分数表示。与行程利用率相对应的指标是空驶率，它是车辆空驶里程与总行驶里程的比值，以百分数表示。

（4）装载指标（客运）。

①座位利用率。座位利用率是指载客汽车实载旅客人数与汽车额定座位的比值，以百分数表示，有静态与动态两种计算方法。静态的座位利用率是汽车实载人数与其额定座位的比值；动态的座位利用率是旅客周转量与重车座位公里（载重行驶里程与额定座位的乘积）的比值。

②实载率。实载率是指旅客周转量与座位公里（总车公里与额定吨、座位的乘积）的比值，以百分数表示。在汽车的吨（座）位单一时，实载率是行程利用率与吨（座）位利用率的乘积；不同吨（座）位车辆综合计算的实载率，是行程利用率与吨（座）位利用率乘积的近似值。

（5）综合指标。

①单车产量。单车产量是指平均每辆汽车在一定时期（年、季、月、日）内完成的运输工作量（见运输量）。载货汽车以吨、吨公里计算；载客汽车以人、人公里计算。

②车座产量。车座产量是指车辆平均每一座位在一定时期（年、季、月、日）内完成的运输工作量。

③车公里产量。车公里产量是指汽车运输工作量（旅客周转量）与其行驶里程的比值，表明汽车行驶每公里所完成的周转量。车公里产量决定于汽车的额定吨（座）位和行程利用率及吨（座）位利用率的高低，在实行拖挂运输时，还受拖运率高低的影响。

2）道路

从道路角度评价区域交通运输效率的指标（以城市道路为主）主要包括道路利用率、信号灯效率和公交站点密度。道路利用率是衡量道路是否被充分利用的重要指标，对于交通管理非常重要。从字面上解释，所谓的道路利用率是指一个特定的时刻，在一个特定的区域内，已被交通参与者利用的道路量与地域内道路总量的比例，有时间测量法和空间测量法两种计算方式，常见参量分别为车道时间占有率和车道空间占有率。时间占有率描述的是某一时间内车辆通过车道断面的累计时间占该段时间的百分比；空间占有率描述的是一个特定的时刻，在一个特定区域内，已被车辆在地面投影占有的道路量与区域道路总量的比例。此外，道路利用率既不是越大越好，也不是越小越好，而是根据道路等级、供求关系和交通管理部门的投入等因素产生适宜的最优值。

3）人员

从人员——出行者的角度评价交通运行的运输效率，可以单线高峰客流量、居民平均出行耗时和人均城市道路占有量等为评价指标，它真实地反映了交通参与者在运输与被运输过程中获得产品的生产效率。

4）社会

从社会的角度评价运输效率是宏观视角评价的代表。在当前大力推进供给侧结构性改革的关键时期，交通领域的发展也应该以促进经济社会进步的可持续的健康友好发展为准绳，在提高运力的同时兼顾保护环境、节能减排等目标。因此，在上述评价的基础上，引入相关评价指标，如路段空气质量超标率、干道昼夜噪声、油耗比等。

9.3 信息化发展战略与运输效益

我国非常重视交通信息化的发展，虽然已取得一定成绩，但仍存在一些问题。例如，交通信息系统单项应用较多而综合应用较少；信息资源缺乏统筹开发、共享率低、系统适应性较差等。因此，对交通信息化发展提出评价指标体系是十分必要的。

9.3.1 交通信息化发展存在的问题

交通信息化是一个庞大的系统工程，需要通过系统的方法统一规划、分步实施。虽然交通领域的信息化发展已经取得了丰硕的成果，极大地提高了道路交通的管理与运输效率，但在交通行业信息化发展进程中仍然存在诸多问题。

1）部分运营企业及相关政府信息化意识淡薄

对于交通运输信息化建设来说，在相当大的一部分交通运输企业及部分相关政府中，主管领导与中高层干部对于信息化建设的意识不够到位，不够重视交通运输信息化建设，从而忽视了交通企业的相关信息化基础设施建设，未能掌握先进的信息化技术管理手段，错过了提升管理效率和向信息化企业迈进的良好时机。具体体现在对信息化建设的战略意识不到位而未能及时有效地制定信息化发展规划，对信息化基础设施建设不完善，相关配套资金被挤占挪用，对于信息化建设的积极性较差，响应较慢等。

2）信息化建设体制机制不健全

交通运输部门信息化组织领导体制与相关信息化建设机制是关于交通运输信息化建设成败的关键所在。交通数据信息管理过程中要通过完善的机制，积极稳妥地进行治理模式创新，提高交通信息化服务水平，为交通信息化战略的全面实施营造良好的氛围。交通信息化创新管理的过程中要从管理机制优化方面加强模式优化，提高交通管理的整体机制创新水平。

就实际建设情况来看，部分地区仍未能建立行之有效的信息化建设管理机制，未能建立相对有领导力与权威力的信息化组织体制，而是将交通运输的信息化工作交由其他科室部门代为执行。同时，对于交通运输信息化的相关技术标准与规范没有制定完善，未能配套相关的管理、运行以及激励政策。

3）资金投入与人力资源供给不稳定

当前，由于全国大多数地方交通运输部门资金紧张，导致大多数地区的信息化资金缺乏支持，同时信息化建设投资无专项资金安排，尚未完全纳入地方各级交通运输部门的年度预算。信息化建设投资所需资金主要依靠政府的投资体制单一，融资渠道狭窄，资金管理不到位，挤占挪用的现象在一定程度上依然存在。人力资源供给方面，交通运输行业信息化人员业务水平普遍较低，且负责信息化工作的专职人员少，缺乏高层次、高素质的优秀人才。

4）硬件设施落后

目前，部分地区能够满足基本的信息化办公需要，配备了足够的信息化办公设备与设施，组建了部门内部的局域网，并实现了与上级部门的互通，但未能实现同级部门间的互联。虽然已经实现从本系统内及时地采集与发布信息，但对信息的处理能力还不完善。

5）资源共享不充分

对于交通运输信息化建设，其依然遵循着先布局、再优化的思想，从而造成目前交通运输主管部门与企业的现有信息资源分别存储于不同部门，导致信息综合利用率低、信息资源共享不畅、信息网络资源浪费。同时，对于部分已建成的交通运输信息网络，由于缺少及时、有效的数据支持，因而未能实现为社会和公众提供出行信息服务的预期目标。此外，交通运输职能部门仍然采用条块状的管理机制，各部门间的联系松散，加之没有统一的政策与规划，因此信息化建设各自为政，导致职能部门分散化、数据存储分散化，信息化建设呈现孤岛效应。

9.3.2 交通信息化发展测评指标体系

在建立交通信息化发展测评指标体系前，应首先确定其构建原则。在此原则上初步选择指标，进行筛选后再进行确定。

1）评价指标体系构建原则

（1）指标体系应具有真实性。所建立的指标体系应能够体现交通运输信息化建设的特点，能够如实反映国家信息化工作领导小组及国家信息化测评中心对于信息化的定义，以及客观全面地体现在我国交通运输信息化建设过程中应当把握的主要要素，从而能够科学评价交通运输信息化建设与发展，为国家与各地区的信息化建设提供正确的决策支持。

（2）指标体系应具有可比性。交通运输信息化发展水平评价指标应贯穿信息化建设过程始终，对于信息化建设与发展具有一定的代表性意义和主要的作用。

（3）指标体系应具有可适性。交通运输信息化指标体系应适合我国的交通运输信息化建设实际，国外先进成熟的评价理论与方法并不一定适合我国，要具体问题具体分析。

（4）指标数据应具有易得性。交通运输信息化领域较为复杂，同时，交通运输行业信息化建设又是一项长期艰巨的任务，且在目前的建设过程中发展变化较快。因此，要想选取能够正确反映信息化建设与发展水平，同时又较容易获得的准确数据是比较困难的。

2）构建评价指标体系

（1）初选指标。参考国家信息化办公室对于信息化定义的六要素，对于交通运输行业信息化发展水平的评价应当包含信息资源、信息网络、信息技术应用、信息技术和产业、信息化人才、信息化政策法规和标准、信息安全、信息化可持续发展等方面。

（2）指标筛选。在对指标进行筛选时，应结合我国目前交通运输行业信息化建设现状与存在的问题，同时考虑指标的可得性与其在系统内的长期存在性。从交通信息化的定义与影响因素入手，结合目前交通行业信息化建设与发展现状、规划，主要从信息化组织建设、交通信息化系统应用、效益指数、信息系统管理和信息化基础设施5个方面，提出由目标层、准则层和指标层构成的递级层次体系。

9.3.3 粤港澳大湾区运输效益

运输经济效益评价是指运输建设或运输生产的有用成果对劳动占用或劳动消耗的比较。运输经济的高效益表现为运输业以尽量少的社会劳动消耗（物质消耗和活劳动消耗）或劳动占用，提供安全、优质、价廉、方便、及时、迅速的运输服务，以满足国民经济发展和人民生活的需要。

大湾区内高速路网作为区域的“血管”，可有力促进城市间各类要素的流通协作，加快湾区产业的一体化进程。便捷的高速公路网将助力城市间第一、第二、第三产业的有机融合。

高速公路将助力第一产业提效发展，有效促进农副产品流通。惠州、肇庆作为大湾区的重要农产品供应基地，农产品丰富多样。通过高速公路网，农副产品可以更快捷地抵达广州、深圳，大大节省运输时间、降低损耗率，从而提高经济效益。

高速公路将促进第二产业融合发展。湾区各城市在土地、人力、税收上实现优势互补，有效促进区域间制造业的协作、升级与转移，城市间产业链的衔接将更加顺畅。以广州为例，随着广佛肇、广中江、莞番等高速公路的建成通车，来自佛山、肇庆、中山、东莞的原料或零部件可更快运抵广州，从而实施降本提效，并使广州与周边城市的产业链进一步融合。与此同时，周边城市有效承接了广州的产业梯度转移，在创造就业机会、提高经济效益的同时，实现了广州产业结构的调整优化。

第三产业如贸易、物流、旅游业等，在密集的高速公路网布局下迎来新的发展机遇。广州定位为“一带一路”重要的枢纽城市及国际商贸中心，佛山、东莞则是重要的生产制造基地，密集的高速公路网使商品贸易更方便快捷，产品能更迅速地走向全国乃至国际市场。在此带动下，物流业（尤其是冷链物流）亦将腾飞发展。便捷的高速公路网还将为惠州、清远等旅游资源丰富的城市导入大量游客，周边游、自驾游等商业机会日益增多，旅游业将拥抱新机遇。

对于高速公路网建设给地产板块带来的机遇，高速公路与其他运输方式的结合，将带来叠加优势，仓储、物流等产业地产迎来黄金机会。不仅是大湾区高速公路网越织越密，轨道交通、港口的发展同样日新月异。在此情况下，多种运输方式的配合，将产生乘数效应，带来非比寻常的运力和运输效率，使得商品流通更加频繁，为仓储、物流发展带来更多机会。

9.4 公众出行安全与快捷

保障公众出行的安全与快捷是交通运输服务与组织工作的重中之重，是建设高效便捷的道路运输网络的基础。“3·21”广州女乘客乘出租汽车遇害事件和“3·24”常德网约车驾驶员遇害等事件的激烈讨论，突出了公众对出行安全的敏感性，同时也反映了道路运输服务于监管体系在安全保障方面的不足。不仅是乘客的生命和财产安全容易受到威胁，驾驶员被伤害事件也时有发生。

为保障粤港澳大湾区公众出行的生命和财产安全，有效提高道路运输生产效率与服务质量，充分发挥粤港澳大湾区道路运输安全保障工作在国内的示范作用，需遵循法律法规的相关规定，认真贯彻交通运输部的指导意见，结合粤港澳大湾区的运输组织现状与需求特征，从城市道路系统、城市慢行交通系统与交通弱势群体等方面因地制宜地开展公众出行安全与快捷的评价工作。

9.4.1 城市道路系统评价

城市道路系统是城市通勤的基本骨架，由主干路、次干路和支路组成，支撑着私家车、出租汽车（含网约车）、公共汽车等各交通方式的运输任务。通过系统的方法对城市道路系统潜在的危险进行综合评价和预测，对于保障公众出行的生命和财产安全至关重要。需要注意的是，符合规范并不等同于使用安全，在现实生活中，符合规范而使用安全不足的情况很多，这更加需要安全评价的环节保驾护航。

1）系统设计评价

系统设计评价主要是指一致性评价，即设计标准、交通组织、交通设施需满足一致性要求。其中，道路设计标准一致是指净空、车道宽度、荷载等方面一致，避免给后续道路运营带来安全隐患；交通组织一致性是指交通标识、相关组织措施的一致性，如交叉口进口渠化组织方式应保持一致。

2）几何设计评价

设计速度选取是确定几何设计指标的前提。道路安全评价中速度协调性评价是指对运行速度与设计速度差异的比较，它是衡量道路安全性的重要指标。实际车速与设计速度的差异越大，表明几何设计与设计运行越不匹配，事故风险越大。除了速度协调性评价之外，几何设计评价的要素还包括驾驶行为分析、视距检查、车辆行驶路径模拟等内容。

3）交叉口设计评价

城市道路交叉口是各方向车流和人流交互的地点，同时也是事故多发点。交叉口设计评价要素包括路缘石转弯半径、交叉口渠化设计、交叉口视距等。其中，路缘石转弯半径应适中，过大会导致右转车速较快、行人过街距离长等问题；交叉口渠化则应确保路面标线与交通岛相适应；交叉口视距方面应注意绿化带、高架桥墩等遮挡视线。

4）附属设施设计评价

附属设施评价的内容包括交通标志、交通标线、信号灯及防护栏等。交通标志的评价要素包括交通标志设置的位置、数量、完整性以及杆件等；交通标线的评价要素需重点关注导流线、路口导向线、减速标线等要素；信号灯的评价需考虑其干线协调性、网络协调性等；护栏的安全性体现在车辆和护栏发生碰撞时，通过护栏和车辆之间的相互摩擦和弹塑性变形，以及相应的车体变位来吸收或转移车辆碰撞产生的能量，从而达到保护驾驶员和乘客生命安全的目的。因此，护栏的安全性评价体现在材料的弹塑性、摩擦系数以及设置高度等方面。

9.4.2 城市慢行系统评价

城市慢行系统主要由步行、自行车和电动车等交通方式组成。慢行系统在出行距离、载物等方面具有诸多的局限。尤其是长期以来以车辆为核心的交通规划模式，严重挤压着慢行交通系统的道路资源，使得慢行交通系统的参与者和使用者往往被迫行驶在机动车道路上与机动车混杂在一起，一方面严重威胁着交通参与者的生命和财产安全，另一方面，慢行交通与机动车交通的速度差异也严重影响着道路系统的运输效率。直到近几年，慢行交通系统的研究和规划才逐渐走上日程，这导致慢行交通系统基础设施建设存在不同程度的缺陷。因此，有必要针对慢行交通系统开展相关评价。

1）结构评价

慢行交通系统的结构评价主要从功能性结构和分级结构两个方面展开。功能性方面需要满足休闲和度假功能、商务和办公功能以及综合服务功能；分级结构方面，需要建设各功能分区内部慢行网络建设、不同分区之间的慢行交通走廊及通道。

2）连续性评价

近年来，国内城市建设开始重视慢行系统的规划与建设，在各城市不同程度地开展了慢行系统的建设，但由于土地利用和观念等方面的限制，慢行系统存在不同程度的中断，使得其安全性无法得到充分的保障。因此，开展慢行系统评价必须考虑连续性指标。

3）分离性评价

慢行系统和由车辆组成的道路交通系统存在较大的速度差，原则上慢行通道必须与机动车道分开。分离设施以绿化带最优，其次是护栏分隔线；对于没有条件的，可以适当依托道路外围资源建设慢行系统。

9.4.3 高速公路安全性评价

高速公路是连接不同城市、不同区的道路主骨架。高速公路的安全性评价主要针对长坡段、长大隧道和施工区等，这些路段是高速公路的事故多发地段，需针对性地开展安全性评价工作。

1）长坡段安全性评价

（1）长坡段安全影响因素。

长坡段的安全影响因素包括驾驶员因素（非法驾驶、操作不当等）、车辆因素（车辆的动态性能、行驶速度、爬坡能力、外形尺寸和载荷程度等）、道路因素（平面、视距、纵坡坡度、坡长和横断面等）、交通环境因素（交通量、交通组成和天气状况等）和交通管理因素（管理水平、救护系统和宣传教育等）。

（2）长坡段评价指标选取原则。

长坡段评价指标选取应遵循以下原则：

①法规性原则。评价指标体系必须始终贯彻《中华人民共和国道路交通安全法》，以法律为依据开展评价工作。

②科学性原则。评价指标的建立必须基于科学理论。指标与目标一致，确定更准确反映客观要求的影响因素；各项指标之间存在兼容性，反映各层面评价要求，彼此之间没有矛盾和冲突。

③客观性原则。选取评价指标时，应客观分析研究对象的层次关系、逻辑结构和因果关系。

④可获取性原则。在选取评价指标时，应选取便于获取且易于量化的指标，最好能够直接从现有资料数据中获取，以增加评价实用性，减少工作量，提高评价效率。

⑤系统性原则。在对目标进行评价时，指标体系应是一个独立、完整的整体，并涵盖所有要素。

（3）长坡段安全评价体系。

驾驶员的评价指标包括年龄、受教育程度和技能特征；车辆的评价指标包括制动系统、动力系统和防撞系统；道路条件的评价指标包括平曲线、纵坡和视距；交通环境的评价指标包括年平均日交通量、交通结构和气候特征；交通管理的评价指标包括管理水平和应急响应能力。

2）长大隧道安全性评价

高速公路隧道内交通运行安全的影响因素众多，除隧道长度、隧道线形、隧道内照明以及交通标志标线的设置等客观因素外，还包括驾驶员隧道内环境的适应性和舒适性等主观因素。因此，对高速公路隧道交通安全性构建科学合理的综合评价指标体系以及综合评价模型是交通安全保障的重要途径。

隧道内的评价指标主要包括照明亮度、行车视距、车头间距、隧道通风、路面附着系数等，基于以上指标，可以建立评价模型，如熵权模糊综合评价模型等。

3）施工区安全性评价

施工区现有安全评价方法主要有基于事故统计的评价方法、基于运行速度的评价方法和基于冲突区的评价方法三大类方法。

（1）基于事故统计的评价方法。

发生交通事故的数量是道路安全水平最直接的反映，简单直观。目前关于道路安全评价的方法主要是在事故统计数据的基础之上进行的，如绝对数法、事故率法、质量控制法、事故强度分析法等，这些方法的应用都是基于掌握足够的事故统计数据。当事故数据不足甚至没有时，该方法的正确性降低甚至失效，而且事故的稀有性、随机性和长周期性等往往使得该评价方法在短时段完成的施工区的安全评价中更难以应用。

（2）基于运行速度的评价方法。

车辆之间的运行速度差直接反映着相邻路段几何线形连续性好坏，也说明了车辆行驶环境的安全与否，因此可利用该指标对施工区不同区段间安全水平进行评价。但是该方法只考虑了道路的线形因素，而施工区的交通环境往往异常复杂，区域内还存在许多往往起着重要作用的交通安全设施，上述因素使得该评价方法分析比较片面，即未顾及重要因素而准确性降低。

（3）基于交通冲突技术的评价方法。

施工区交通冲突是指在施工区内，由于车道压缩或车道变换等原因，道路使用者在行驶过程中与另一道路使用者在空间和时间上逼近，若任一方道路使用者不采取减速或改变方向等必要的避险措施，将会导致碰撞的交通现象。基于施工区的交通冲突技术开展施工区安全性评价，相比前两种评价方法，数据更容易获取。

9.4.4 运营车辆安全性评价

运营车辆是公众出行的主要载体，包括常规公交、出租汽车、私家车、长途客车等车辆。因此，需要针对运营车辆的线路、车辆本身及监管体系等方面开展安全性评价工作。

1）运营线路安全性评价

运营线路主要针对公交车、长途客车等有固定线路的车辆，需对车辆运行线路中可能的事故发生点开展评价工作。

2）运营车辆本身安全性评价

运营车辆本身的安全性评价主要体现在车辆本身的动力性能、制动性能、防撞性能以及消防设施等方面。

3）运营监管体系安全性评价

运营车辆的监管部门主要分为两级，一是运营企业本身，二是政府监管部门。评价内容主要包括相关法律法规体系的建设、监管力度、企业的管理水平以及政府监管部门的执法力度等。

参考文献

[1] 齐喆，吴殿廷 . 京津冀交通协调发展评价与对策 [J]. 中国流通经济，2015 (11)：78-86.

[2] 应慧刚 . 长三角高速铁路旅客运输运营组织优化 [J]. 铁道运输与经济，2019，41 (02)：8-14.

[3] 霍东辉 . 基于时间序列的交通量预测研究 [J]. 交通世界 (运输·车辆)，2015 (08)：144-146.

[4] 向爱兵 . 运输需求预测方法和模型比较研究 [J]. 综合运输，2010 (1)：15-19.

[5] 智能交通前沿科技 . 未来智慧出行新生态——MaaS 系统的解读与畅想 [EB/OL]. https：//www.sohu.com/a/256597752_468661，2018-09-28.

[6] 戢晓峰，戈艺澄，陈方 . 基于公路交通流大数据的节假日旅游流时空分异特征——以云南省 2017 年 7 个节假日为例 [J]. 旅游学刊，2019，34 (06)：37-47.

[7] 孙伟伟，韩杰尧 .GPS、GIS 技术在道路交通运输系统中的应用 [J]. 汽车实用技术，2018 (23)：29-30.

[8] MÜLLER G, BÜHRMANN S, RILEY P, et al. Towards Passenger Intermodality in the EU [J]. Report for the European Commission DG Energy and Transport. Institut für Landes- und Stadtentwicklungsforschung und Bauwesen des Landes Nordrhein-Westfalen，Dortmund，Germany，2004：1-121.

[9] MOLIN E，MOKHTARIAN P，KROESEN M. Multimodal Travel Groups and Attitudes：A Latent Class Cluster Analysis of Dutch Travelers [J]. Transportation Research Part A:Policy and Practice，2016 (83)：14-29.

[10] SCHEINER J，CHATTERJEE K，HEINEN E. Key Events and Multimodality: A Life Course Approach [J]. Transportation Research Part A: Policy and Practice, 2016 (91)：148-165.

[11] 邓连波，高伟，赖天珍，等 . 基于换乘网络的城市轨道交通关联公交接驳线网优化 [J]. 铁道科学与工程学报，2012 (6)：77-83.

[12] 叶霞飞，谭复兴 . 城市公交的换乘与接驳 [J]. 城市轨道交通研究，1998 (3)：22-25.

[13] 陈伟芝，曾艳英 . 港珠澳大桥背景下的粤港澳跨境道路货物运输组织对策研究 [J]. 广东交通职业技术学院学报，2016，15 (02)：65-67.

[14] 新浪网 .“世界梦号·大湾邮”首航启动，旅客尝鲜大湾区首个创新旅游产品［ EB/OL ］.http：//k.sina.com.cn/article_6192937794_17120bb4202000v090.html?cre=tianyi&mod=pcpager_focus&loc=6&r=9&rfunc=75&tj=none&tr=9，2019-04-28.

[15] 王忠强 . 城市对外综合交通枢纽内外衔接时耗的研究［ C ］. 中国城市规划学会城市交通规划学术委员会 . 品质交通与协同共治——2019 年中国城市交通规划年会论文集 . 中国城市规划学会城市交通规划学术委员会：中国城市规划设计研究院城市交通专业研究院，2019：2729-2734.

[16] 王富，李杰，石永辉 . 城市突发公共事件交通响应级别及交通组织对策研究［ J ］. 交通企业管理，2009（ 9 ）：3-4.

[17] 中国公路网 . 把创新发展作为引领交通运输科学发展的第一动力［ EB/OL ］.http：//www.chinahighway.com/news/2016/985796.php，2016-06-05.

[18] 中国公路网 . 践行绿色发展理念 建设美丽中国［ EB/OL ］.http：//www.chinahighway.com/news/2016/1027928.php，2016-06-17.

[19] 中国公路网 . 杨传堂在 2016 年全国交通运输工作会议上的讲话［ EB/OL ］.http：//www.chinahighway.com/news/2015/983418.php，2015-12-28.

[20] 搜狐网 . 官方定调！中央已明确粤港澳大湾区战略定位 + 港澳广深四城定位［ EB/OL ］.https：//www.sohu.com/a/290078769_100012548，2019-01-18.

[21] 张百里 . 公路交通运输效率评价研究［ J ］. 合作经济与科技，2019（ 14 ）：8-10.

[22] 搜狐网 . 大湾区交通圈发力了！轻松畅游湾区不再是梦？［ EB/OL ］.https：//www.sohu.com/a/314120820_124706，2019-05-15.